総合判例研究叢書

刑　法 (5)

刑法における公務員の概念…………伊達秋雄

公務執行妨害罪における職務行為…吉川経夫

有　斐　閣

刑法・編集委員

佐伯千仭

団藤重光

序

フランスにおいて、自由法学の名とともに判例の研究が異常な発達を遂げているのは、その民法典が百五十余年の齢を重ねたからだといわれている。それに比較すると、わが国の諸法典は、まだ若い。最も古いものでも、六、七十年の年月を経たに過ぎない。しかし、わが国の諸法典は、いずれも、近代的法制を全く知らなかつたところに輸入されたものである。そのことを思えば、この六十年の間に極めて重要な判例の変遷があつたであろうことは、容易に想像がつく。事実、わが国の諸法典は、それに関連する判例の研究でこれを補充しなければ、その正確な意味を理解し得ないようになつている。

判例が法源であるかどうかの理論については、今日なお議論の余地があろう。しかし、実際問題として、多くの条項が判例によつてその具体的な意義を明かにされているばかりでなく、判例によつて特殊の制度が創造されている例も、決して少くはない。判例研究の重要なことについては、何人も異議のないことであろう。

判例の創造した特殊の制度の内容を明かにするためにはもちろんのこと、判例によつて明かにされた条項の意義を探るためにも、判例の総合的な研究が必要である。同一の事項についてのすべての判決を探り、取り扱われた事実の微妙な差異に注意しながら、総合的・発展的に研究するのでなければ、判例の研究は、決して終局の目的を達することはできない。そしてそれには、時間をかけた克明な努力を必要とする。

幸なことには、わが国でも、十数年来、そうした研究の必要が感じられ、優れた成果も少くないようになつた。いまや、この成果を集め、足らざるを補ない、欠けたるを充たし、全分野にわたる研究を完成すべき時期に際会している。

かようにして、われわれは、全国の学者を動員し、すでに優れた研究のできているものについては、その補訂を乞い、まだ研究の尽されていないものについては、新たに適任者にお願いして、ここに「総合判例研究叢書」を編むことにした。第一回に発表したものは、各法域に亘る重要な問題のうち、研究成果の比較的早くでき上ると予想されるものである。これに洩れた事項でさらに重要なもののあることは、われわれもよく知つている。やがて、第二回、第三回と編集を継続して、完全な総合判例法の完成を期するつもりである。ここに、編集に当つての所信を述べ、協力される諸学者に深甚の謝意を表するとともに、同学の士の援助を願う次第である。

昭和三十一年五月

編集代表
小野清一郎　宮沢俊義
末川博　我妻栄
中川善之助

凡　例

一　判例の重要なものについては、判旨、事実、上告論旨等を引用し、各件毎に一連番号を附した。

二　判例年月日、巻数、頁数等を示すには、おおむね左の略号を用いた。

大判大五・一一・八民録二二・二〇七七　（大審院判決録）

（大正五年十一月八日、大審院判決、大審院民事判決録二十二輯二〇七七頁）

大判大一四・四・二三刑集四・二六二　（大審院判例集）

最判昭二二・一二・一五刑集一・一・八〇　（最高裁判所判例集）

（昭和二十二年十二月十五日、最高裁判所判決、最高裁判所刑事判例集一巻一号八〇頁）

大判昭二・一二・六新聞二七九一・一五　（法律新聞）

大判昭三・九・二〇評論一八民法五七五　（法律評論）

大判昭四・五・二二裁判例三・刑法五五　（大審院裁判例）

福岡高判昭二六・一二・一四刑集四・一四・二一一四　（高等裁判所判例集）

大阪高判昭二八・七・四下級民集四・七・九七一　（下級裁判所民事裁判例集）

最判昭二八・二・二〇行政例集四・二・二三一　（行政事件裁判例集）

名古屋高判昭二五・五・八特一〇・七〇　（高等裁判所刑事判決特報）

東京高判昭三〇・一〇・二四東京高時報六・二・民二四九　（東京高等裁判所判決時報）

札幌高決昭二九・七・二三高裁特報一・二・七一　（高等裁判所刑事裁判特報）

前橋地決昭三〇・六・三〇労民集六・四・三八九　（労働関係民事裁判例集）

その他に、例えば次のような略語を用いた。

裁判所時報＝裁時　家庭裁判所月報＝家裁月報

判例時報＝判時　判例タイムズ＝判タ

目次

刑法における公務員の概念

伊達秋雄

一　総　説……三

一　はしがき（三）　二　公務員概念の相対性（三）　三　国家公務員法及び地方公務員法と官吏・公吏の概念（五）　四　公務員概念における身分的思想と公務的思想との対立（六）

二　官吏・公吏……七

一　旧憲法下の官吏・公吏（七）　二　新憲法と官吏・公吏の概念（八）

三　議員・委員……一一

一　議員（一一）　二　委員（一一）

四　「法令ニ依リ」の意義……一三

一　はしがき（一二）　二　法令に職務権限の規定あることを要するとする立場（一二）　三　法令に職務権限の規定あることを要しないとする立場（一三）　四　公務に従事する資格の根拠が法令に存することを必要とする立場（一四）　五　法令に基き任用されたことを以て足るとする立場（二四）　六　法令の種別（二七）

五　公務の意義……三五
六　職員の意義……五七

公務執行妨害罪における職務行為

吉川経夫

序　説……七五
一　狭義の公務執行妨害罪（九五条一項）……七六
　一　概説（七六）　二　職務行為の範囲（七七）　三　職務行為の適法性（八一）
　四　適法要件（八六）　五　適法か否かを決定する標準（九八）　六　職務行為の具体例（一〇八）　七　職務行為の始期と終期（一三六）
二　職務強要罪（九五条二項）……一四二
　一　概説（一四二）　二　職務行為の範囲（一四三）　三　処分と職務権限（一四四）
　四　処分の適法性（一四六）　五　処分の正否（一四九）
三　封印破棄罪（九六条）……一四九
　一　封印・差押の標示（一五〇）　二　封印・差押の適法性（一五一）
四　強制執行免脱罪（九六条ノ二）……一五五
　一　概説（一五五）　二　強制執行と債権の存否（一五六）　三　強制執行の適法性（一五七）
判例索引

刑法における公務員の概念

伊達秋雄

序

一　刑法における公務員の概念は、従来とても必ずしも明白ではなかつたようである。刑法七条にいう「法令ニ依リ」の意義に関する判例の態度の如きは理解に苦しむものがあつたし、公務の概念も多義的であつた。ところが、新憲法下官吏・公吏の制度が廃止せられ、新たに国家公務員、地方公務員の制度が登場するに及んで、わが刑法七条の解釈はいよいよ混沌として帰一するところを知らない状態に陥つたというも過言ではない。かような現状の下において、公務員の概念に関する判例を綜合的に検討することは意義のあることと思われる。本稿を執筆するに当つては、つとめて学説の発展にも留意したつもりである。

二　わが国において刑法における公務員の概念の深い研究は、僅かに公法学者であられる美濃部博士の「公務員賄賂罪の研究」の一章中に見出されるにすぎない。しかし、その傾聴すべき論議には多くの示唆を与えられた。ドイツの文献においては、マウラッハのドイツ刑法各則中に簡潔にして要領を得た解説が示されていると思われた。

なお、公法人の職員をすべて公務員とみるべきかどうかについては疑問の多いところである。この問題に関しては、文献も乏しく苦しんだが、畏友天野憲治氏の意見に啓発されるところが多かつた。不幸にして同氏と結論を異にするに至つたけれどもここに謝意を表しておきたい。この点について、ライヒ鉄道会社に関する委曲をつくしたドイツ大審院判例は有益なものと思われたがその紹介は割愛せざるを得なかつた。

一　総　説

一　はしがき

わが刑法においては、公務員という身分を前提とする犯罪が多く存在する。たとえば、収賄罪（刑法一九七条―一九七条ノ三）、贈賄罪（刑法一九八条）、職権濫用罪（刑法一九三条―一九六条）、公務執行妨害罪（刑法九五条）、封印破棄罪（刑法九六条）、公文書偽造罪（刑法一五五条）、虚偽公文書作成罪（刑法一五六条）、公正証書等不実記載罪（刑法一五七条）、多衆不解散罪（刑法一〇七条）等がこれであり、又刑法の適用範囲に関して刑法四条は公務員の国外犯について特別の規定を設けている。

ところが、これらの刑法の規定にいう公務員とは如何なる者を指すかについて、刑法七条は「本法ニ於テ公務員ト称スルハ官吏、公吏、法令ニ依リ公務ニ従事スル議員、委員其他ノ職員ヲ謂フ」と定めてその意義を明らかにしている。

しかし、かような規定があるにも拘らず、わが刑法にいう公務員の概念内容は必ずしも明白とはいえないのである。かように、この規定の解釈を困難にするのは、主として次の事情によるものと思われる。

二　公務員概念の相対性

わが刑法七条は「本法ニ於テ公務員ト称スルハ云々」と規定して、およそ刑法各部門に共通な公務員概念を定立しようとしている。従つて、その概念は公務員を犯罪の主体とする収賄罪についても、又公務員を犯罪行為の客体とする公務執行妨害罪についても、又公文書偽造罪その他の犯罪についても等しく妥当するものとされている。ところが、これらの犯罪の本質や被害法益はそれぞれ異るところのものである。公務員の概念の精密な輪廓は単に刑法七条の文理解釈だけから一義的に引き出し得るものでないことは勿論であつて、いわゆる目的論的解釈が採用されなければならない。そして、かような解釈方法を採る限り、公務員に関連する各犯罪の本質や被害法益との関係において、いわば相対的に公務員概念を定立せざるを得なくなるのは必然であろうと思われる。かくて、公務員の概念は各犯罪ごとに、特にその限界線においては、分裂を余儀なくされるということが予想されるのである。

ここに、公務員概念の確定に関する最も大きな障害があると思われる。この点について、宮本博士は次のようにいわれた。

「公務員の意義は刑法第七条第一項に於ける「法令ニ依リ公務ニ従事スル職員」の解釈如何によつて定まるのであるが、しかし斯かる語義に関する規定はそれ自体では如何なる意義にも解することが出来るものであるから、これよりして一定の解釈の基準を見出すことは困難といはなければならない。加之今これを他の関連ある法条、特に公務執行妨害罪及び瀆職罪に関する規定に照らして公務員の一般的な意義を定めんとすることは、これまた可なり困難を免れない。それといふのは、右の二種の罪の規定の中一は公務員に対する侵害行為を特別に処罰するものであり、一は公務員自身の瀆職行為を処罰するものである。しかも今後の社会通念に於ては、公務又は公務員を以て私務又は私人に比して一層大なる保護に値するものと考へるような官僚主義的差別観は著しく稀薄に赴く傾向があるから、前者の規定に関しては、公務員の範囲は漸次縮少される状況に在るに反して、後者の規定に関しては、公務員に対する品位維持の社会的要求がたとえ今日以上に加重されることはないにしても、少くともそれ以下に減軽され、従つて公務員の範囲が縮少されるやうな可能は殆ど有り得ないことであるから、刑法上公務員の観念には自ずから広狭の二義が生ずるわけである。しかし現行法の解釈としてこの二種を区別することは固より許されない。従つて差当り本文に述べた範囲内に於て各種公務に対する刑法上の価値判断を行つて、これに基いて何が公務員なりやを決する外はないであらう」（宮本・大綱四九〇頁）。

勿論、博士が右に述べられたように、公務執行妨害罪の本質は公務員の特別保護にあるとすれば、今日の支配的思想からすれば、同罪における公務員の概念は縮少されるべきであろう。しかし、現在では同罪の本質の重点は、むしろ公務の保護にあるとする説が有力であるから（最判昭二八・一〇・二刑集七・一八八三は「刑法九五条は公務員を特別に保護する規定ではなく、公務員によつて執行される公務を保護するものである」とする。なお、拙稿「公務執行妨害罪における暴行の意義」警察研究二五・二・二四参照）、必ずしも同罪における公務員の概念は縮少されるべきものともいえないと思う。一方、瀆職罪についても、公務員という身分を有する者自身の清廉性ということも勿論考えるべきであろうが、それよりは、むしろ公務自体の不可買収性とか公務執行の公正乃至は公正に対する信頼というようなことに重点が置かれるべきものであるということを考えるときは、両罪がいずれも公務自体を中心とするという点で公務員概念定立の焦点は相当に歩みよつてくるものといい得ると思われる。

かように、各犯罪の本質に即応しながら公務員概念を個別的に確定する作業とこれを統一し各犯罪に共通する公務員概念を構成する作業とは果して両立し得ることであろうか。これは今後の研究にまつところであるといわねばならない。

三　国家公務員法及び地方公務員法と官吏・公吏の概念

刑法七条は、官吏、公吏という概念を用いているが、今日国家公務員法及び地方公務員法においては、官吏と称する名は存在しない。同法にいう国家公務員又は地方公務員は、旧憲法の下における官吏、公吏とは全く性質を異にするものと解せられる。今日国家公務員法上の公務員とは従来の官吏、公吏よりも遥かに広く、私法上の雇傭関係に立つと考えられる雇員、傭人や、外に本職を持つことを許される顧問、参与、委員、更に極端には単純労務に従事するニコヨンや国の公務に従事するアルバイト学生等のごときものまで、凡そ国から給与を受けて公務に従事する限りの者を包含する漠然とした観念であるとされている（田中・行政法中三一六頁）。かくて、新憲法下における旧官吏制度の廃止と新公務員制度の創設に際会して、刑法七条は当然に所要の改正を加えるべきであつたと思われる。しかるに、立法者はこれを怠つたため法解釈に無用の混迷を招く結果となつたものといわねばならない。

四　公務員概念における身分的思想と公務的思想との対立

更に刑法七条の文言中最も難解とされるものは、「法令ニ依リ公務ニ従事スル職員」の意義である。ここにいう「公務」及び「職員」とは何を指すか甚だ明確を欠くのである。そして、その解釈は公務員の概念を公務を行う者の特別の身分を中心として形成するか又は公務そのものを中心として形成するかによつて異つてくる。若し身分中心の思想に従うときは、公務担当者中特定の身分を有する者のみを職員と呼ぶべきであり、公務中心の思想に依るときは、職員とは、国又は公共団体等の機関（広義における）を指し、すべての公務担当者がこれに含まれるということになるであろう。

独逸における公務員概念形成の歴史をみれば、初め身分中心の思想が支配し、たとえばビンディング、フランク等は、独逸刑法三五九条にいう官吏とは、本来の官吏（Beamten）即ち、国家等との間に公法上の特別権力関係に立つもののみを指称するものとし、従つて、私法上の契約に基いて公務を担当する、単なる公務担当者（Amtsträger）を含まないものであることを強調したのであるが、今日の通説及び判例は公務中心の思想に依つてその両者をも官吏概念に包含せしめているのである(Binding. Deutsches Strafrecht besonderer Teil, II2, S. 381 ff. Frank,)。Das Strafgesetzbuch für das Deutsche Reich 18 auf, S. 784 ff.)

わが国の立法においても、後述する如く、公務員概念はいく度か変更を受け、初め旧刑法においては官吏のみについて規定が設けられたが、明治二三年法律第一〇〇号によつて官吏に関する規定を公吏にも準用することに改められ、現行刑法の制定に当つて、更に官吏、公吏の外に刑法上の公務員概念が構成せられ適用範囲の拡張をみるに至つたのである。そして現行刑法施行後においても、公務員概念は、判例上次第にその範囲を拡張せられ今日に至つているのである。その経過の詳細は後述するところであるが、その間の幾変遷を貫いて流れる赤き絲こそは、まさに身分より公務への傾向であり、Beamten より Amtsträger への発展であつたというも過言でないのである。とはいえ、かような法思想の具体的事案への表現は必ずしも、しかく意識的直線的理論体系的ではあり得ず、時に身分中心的思想への復帰又は残滓がみられるなど迂曲したコースを辿りながら次第にその本姿を顕現していくものと思われる。

二　官吏・公吏

一　旧憲法下の官吏・公吏

立法当時刑法七条において予想せられた官吏、公吏とは、旧憲法下における官吏、公吏であつたことはいうまでもない。旧憲法下において、官吏とは、実質的にいえば、国家（天皇及び天皇の政府）との間に公法上の身分的隷属関係に立ち、国に対し忠実に無定量の勤務に服すべき者を指し、形式的にいえば、その任命が直接間接に天皇の任命大権（旧憲法一〇条）に基く特別の選任行為により、普通一定の官等々級を与えられた者、即ち親任・勅任・奏任・判任官の待遇を与えられた者を指した。又公吏とは地方公共団体の職員中右に述べた官吏に相当する者を指し、従来広く吏員と呼称されていた者である。

これらの官吏、公吏は、その身分において当然に、即ちその取扱う事務の如何を問うことなく、刑法にいう公務員であつたわけである。

二　新憲法と官吏・公吏の概念

(一)　ところが新憲法下において、国家公務員法及び地方公務員法が制定されて、行政法上新な公務員制度が設けられ、従来の官吏、公吏の概念は廃止せられたところから、今日においては、刑法七条にいう官吏、公吏の概念は自から変更を受けるか又は全然死文に帰するに至つたのではないかという問題が提起せられねばならなくなつたのである。

尤も、現行法においても官吏という言葉は存在しないわけではない。憲法七三条は「内閣は他の一般行政事務の外、左の事務を行う」とし、その四号に「法律の定める基準に従ひ、官吏に関する事務を掌理すること」と規定し、官吏という語を用いている。刑法七条にいう官吏とはこの憲法七三条四号にいう官吏の意義に従うべきものであろうか。

(二)　憲法七三条四号の官吏の意義は必ずしも明白でない。或は「ひろく国家公務員一般を指すもので」、刑法七条にいう官吏とは異るとする説もある（小野外三氏・コンメンタール「刑法」一七頁）。或は「国家公務員のうち、公法上の任命行為に基いて選任され、国の公務に従事することを本務とする者を指す観念として用いられるのが通例である」とする（田中・行政法中三一七頁）。

憲法七三条四号が、内閣に対し法律の定める基準に従い、官吏に関する事務を掌理する権限を附与しているのは、広く公務員全般に関してであると解して差支なく、敢て一部の公務員のみに関するものに過ぎないとしてこれを制限的に解する必要も認められないから、ここにいう官吏とは、むしろ広く国家公務員一般を指すものとする説が正当であろうと思う（法協「註解日本國憲法」下一〇八七頁も、この立場のようである。）。

しかし、国家公務員法は、公務員について従来の官吏の如き身分的観念を否定し職階制によつて一切の官職を分類格付けすることとなつたのであるから、かような新な公務員概念を以つて刑法七条の身分的隷属関係を基本とする官吏の概念に置き代えることは許されないものというべきではなかろうか（國家公務員法によれば、職員は職務の遂行に當つて全力を挙げて専念し（九六條一項）、その勤務時間及び職務上の注意力のすべてをその職責遂行のために用い、政府がなすべき責を有する職務にのみ従事すべき義務を負うが（一〇一條一項）、職員としては、法律命令、規則又は指令による職務を担當する以外の義務を負わないものであつて（一〇條、旧憲法）下の官吏とは本質的に異る）。

（三）　なお、独占禁止法二九条四項は、公正取引委員会の「委員長及び委員はこれを官吏とする」と規定し、官吏という語を用いているが、同法は国家公務員法以前に制定せられたものであつて、従来の官吏の用語をそのまま用いたものと考えられるから、国家公務員法制定後は当然に変更を受くべきものであろう。従つて、同法にいう官吏の意義をもつて刑法七条の官吏の意義を確定することは正当ではないと思う。

（四）　右のように身分的な官吏観念の廃止された現行公務員制度の下においては、刑法七条にいう官吏という語は死文に帰したものと解し、従つて、公務員の概念は、刑法七条にいう「法令ニ依リ公務ニ従事スル議員、委員其他ノ職員」の概念によつてのみ決定すれば足りることとなつたものと解すべきであろう。

但し、この点について、国家公務員法が制定されても「事務官・技官等これに相当する職名はまだ残つているので、現在では国家公務員中これらの者以上を『官吏』と解すべきであろう。しかし、将来同法による職階制が全面的に実施されるに至れば、旧来の官吏に相当するものと然らざるものとを制度上区別することは全然できなくなるわけで、この場合にはここにいう官吏の概念は消滅し、実質上従来の官吏にあたる者もすべて後述の『法令ニ依リ公務ニ従事スル職員』として考えなければならなくなるであろうと思はれる」とする説がある（小野外三氏・コンメンタール「刑法」一六頁）。しかし、右にいう事務官・技官は、従来の高等官・判任官の如き一応公務とは別個な身分関係を示す概念とは多少異り、職名的な色彩をもつ概念であるから、これを以つて刑法七条の官吏概念の決定基準とすることは問題ではなかろうかと思う。

（五） 以上述べたところは、公吏の場合についても地方公務員法との関係上同様のことがいい得る。

（六） なお、わが判例上、旧憲法下においても官吏、公吏の概念を明らかにした重要な判例は見当らない。

これは当時において官吏、公吏の概念は極めて明白であつて、これが法律上の論争の的となる余地がなかつたからであろう。僅かに「郡吏員ハ公吏ニシテ刑法ニ所謂公務員デアル」旨の判決がある（大判大二・二・一四刑録一九・一九七）。

新憲法下、国家公務員法及び地方公務員法施行後においても、この点について判断を示した判例は存しない。

三　議員・委員

一　議　員

議員とは、国家又は公法人の事務を実行する者に非ずして国家又は公法人の機関としてその意思を決定する合議体の構成員をいうものとされる（大場・刑法総論上三〇二頁）。衆議院議員、参議院議員、地方公共団体の議会の議員等である。判例は、公共組合たる公法人の会議の議員もここにいう議員に当るとする。

【1】「水利組合ハ国家カ其ノ行政組織中ニ加フル趣旨ニ基キ目的ヲ附与シテ其ノ存立ヲ認メタルモノニシテ此ノ目的タル事業ヲ国家ノ監督ノ下ニ遂行スル公法人ナルコト明白ナリ而シテ組合会議員ハ水利組合法第十八条ニ依リ選挙セラレ同第二十三条第二十四条等所定ノ事務ヲ行フモノナレハ刑法第七条ニ所謂法令ニ依リ公務ニ従事スル議員ナリト謂フヘシ」（大判昭五・三・一三刑集九・一八〇）。

二　委　員

委員とは、官公署その他の機関内において、主として諮問に答え又は試験を行う等の任務を有する非常勤の国家公務員又は地方公務員をいうとされる（小野外三氏・コンメンタール「刑法」一八頁）。常勤の公務員である委員（たとえば、国家公安委員等）は、ここにいう委員に含まれず、本来官公吏に含まれるべきであるが、官公吏概念が無用に帰した今日は、法令に依り公務に従事する職員中に含まれることとなるであろうか。尤も、何れにしても実際上の差異はない。

四　「法令ニ依リ」の意義

一　はしがき

わが刑法七条は「法令ニ依リ公務ニ従事スル職員」をも公務員とする。実務上公務員の意義が問題となるのは、殆んどこの種の公務員に限るというも過言でない。旧刑法においては、公務員は官吏、公吏に限られ、「法令ニ依リ公務ニ従事スル議員、委員其ノ他ノ職員」は現行刑法に至つて初めて公務員とせられたものであるが、改正刑法仮案においては「法令ニ依リ」という文言が削除せられ、「其ノ他公務ニ従事スル職員」と規定されている。ところで、現行刑法七条の「法令ニ依リ」とは果して如何なる意義を有するものであろうか。この点について従来の判例を検討してみよう。

二　法令に職務権限の規定あることを要するとする立場

刑法七条の「法令ニ依リ」という文言に最も重要な意義を認めたものは左記の判例である。

〔2〕「刑法第九十五条ニ所謂公務員トハ同法第七条ニ規定セル官吏、公吏、法令ニ依リ公務ニ従事スル議員委員其他ノ職員ヲ指称スルモノナレハ法令ニ於テ職務権限ノ規定ナキ者ハ縦令公務ニ従事スル場合アリト雖モ法令ニ依ルニ非スシテ単タ公務員ノ手足トシテ其ノ職務ヲ幇助スルニ過キス之ヲ公務員ト称スヘキニアラス所謂税務署雇員ノ職務権限ニ付テハ法令上規定スル所ナケレハ固ヨリ公務員ニ雇セサルコト明カナリ而シテ刑法第九十五条第一項ノ罪ハ公務員カ其職務ヲ執行スル場合ニ於テ公務員ニ対シテ直接又ハ間接ニ暴行脅迫ヲ加ヘ其執行ヲ妨害スルニ因リ成立スルヲ以テ公務員ニアラサル公務署ノ雇員ニ対シ暴行脅迫ヲ為スモ公務員ニ対スル暴行脅迫ニアラサレハ縦令其結果公務ヲ妨害スルコトアルモ同罪ヲ構成セサルモノトス」（大判大六・四・五刑録二三・二七九）。

即ち、この判決は、「法令ニ依リ公務ニ従事スル」というためには、法令において職務権限の規定のあることを要するとするもので、この理由によって、その職務権限が法令に規定せられていない税務署雇を公務員でないとしたのである。

(二)　牧野博士は、この判決に対し次の如く批評する。一般雇員の職務と雖も法令に根拠を有するものであり、又一般的雇員として無制限な範囲の職務を有するものではないのであって、その性質上一定の制限あるものなる点において、抽象的に定められた職務を有するものということになる。されば、特別な法令によって特に職務の定められている雇員と一般雇員とを区別し、一を公務員とし他を然らずとすべきでない。ただ一定の重い程度の公務を執行する公務員の場合に限って刑法九五条を適用すべきものとする立場から「ただ公務員の手足としてその職務を幇助するにすぎない者」は、これを公務員保護の規定中から除外して考うべきものとする点は一理あることと考える(牧野・刑法研究三巻二五〇頁)。

三　法令に職務権限の規定あることを要しないとする立場

しかし、この判旨は、それまでの判例とは異るものであって、左記大判大四・五・一四は、公務員の職務の範囲まで法令において規定してあることを要しないとしていたのである。そして、この判決は、前記【2】の判決と異って、雇員(茨城縣土木技手補)も又公務員たる性質を有するものとしていたのである。

【3】　「同条ニ所謂公務員トハ其職務ノ範囲ニ至ルマテモ法令ニ於テ直接ニ之ヲ規定シタルモノニ限ルト解スヘキ理由ナキニ因リ縦令法令カ或職員ヲ定ムルコトヲ一定ノ機関ニ委任シ其機関ヲシテ監督官庁ニ対シ其所定ノ結果ヲ報告セシムルニ止ムルカ如キコトアリトスルモ苟モ該職員ノ任命ノ根拠ニシテ敍上ノ意義ニ於ケル法令ニ依レル以上ハ其職員ノ名称ノ何タルヲ問ハス同条ニ所謂公務員ニ該当スルモノトス」(大判大四・五・一四刑録二一・六二五)。

右のように、公務員の職務権限が法令に規定せられていることを要するかどうかについて、判例は積極、消極の二説に分れていたのであるが、左記大判大一一・七・二二連合部判決はこれを統一して、法令の明文上特にその職務権限の定めあると否とを問わず公務員たり得ることを明らかにした。

【4】「刑法第七条ニ所謂公務員トハ官制職制ニ依リテ其職務権限ノ定レル者ニ限ラス汎ク法令ニ依リテ公務ニ従事スル職員ヲ称スルコト法文上洵ニ明白ナリ而シテ所論鉄道院保線助手若クハ建築助手ナルモノハ固ヨリ官吏ニ非スト雖モ各鉄道院管理局長ハ其職務権限(大正二年六月一日鉄道院達第四百四十号)第二条第三号ニ依リ俸給月額六十円以下ノ雇員等ヲ採用罷免スルノ権限ヲ有スルヲ以テ元東京鉄道管理局ニ於テハ同局雇員採用規則(大正二年七月五日東達五九一号)ニ依リテ採用シタル雇員ヲ以テ鉄道係員タル保線若クハ建築手ノ補助トシテ使用シ得ヘシ而シテ右保線助手若クハ建築助手ノ職務権限ハ保線従事員服務規程(明治四十二年六月鉄道院達第四七八号)中四、保線助手服務規程第一条乃至第二十七条竝ニ五、建築助手服務規定第一条乃至第十六条ニ各規定シアリ上敍ノ如キ特殊ノ法令ニ依リ規定セラレタル公務ニ従事スル以上ハ其資格カ一介ノ雇員タルニ拘ハラス之ヲ刑法第七条ニ所謂公務員ナリト謂フニ妨ケナシ」(大判大一一・七・二二刑集一・三九七)。

爾後、わが判例はこの見解に従い、最高裁判例も、またこれを踏襲するに至つているのである。

【5】「按ずるに刑法第七条にいわゆる公務員は官制、職制によつて其職務権限が定まつているものに限らずすべて法令によつて公務に従事する職員を指称するものであつて云々」(最判昭二五・二・二八刑集四・六八)。

四　公務に従事する資格の根拠が法令に存することを必要とする立場

(一)　しからば「法令ニ依リ」とは如何なる意義を有するものであろうか。それは、「公務に従事する資格の根拠が法令に存することを必要とする」という趣旨であるとされる。即ち、

【6】「刑法第七条ニ所謂法令ニヨリ公務ニ従事スル職員タルニハ其ノ従事スル職務カ単ニ公務タルコトヲ以テ足レリトセス公務ニ従事スル資格ノ根拠カ法令ニ存スルヲ必要トシ云々」(大判大九・一二・一〇刑録二六・九四九)。

とし、更にこの見解は、前記【4】の大審院連合部判決中にも窺われるところであり、又この説の代表的判決と目される

【7】「法令ニ依リ国家又ハ公共団体ノ機関トシテ公務ニ従事スル者ハ任命嘱託選挙其ノ他孰レノ方法ニ依ルヲ問ハス又法令ノ明文上特ニ其ノ職務権限ノ定アルト否トヲ問ハス刑法第七条ニ所謂法令ニ依リ公務ニ従事スル職員ニ該当シ公務員ト称スルコトヲ妨ケサルコトハ既ニ当院ノ判例トスル所ナリ（大正十一年（れ）第二四一号同年七月二十二日第一第二第三刑事総聯合部判決）即チ公務ニ従事スル資格ノ根拠カ法令ニ存スル者ハ所謂公務員ニシテ其ノ職務権限カ法令ニ規定セラルルト否トハ之ヲ問ハサルナリ而シテ右ニ所謂法令ニ付テハ其ノ種類ヲ制限セサルヲ以テ苟モ国家又ハ公共団体ノ法律又ハ命令ニシテ任命嘱託選挙其ノ他任用ニ関スル一般抽象的準則ヲ定ムルモノナル以上勅令省令タルト指令訓令タルト其ノ他名称ノ如何ヲ問ハス総テ之ヲ包含スルモノト解スヘキモノトス然リ而シテ東京税務監督局長訓令ニ基キ任用セラルヘキモノナレハ其ノ就職ハ所謂法令ニ根拠ヲ有スルモノト云フヘク云々」（大判昭一二・五・一一刑集一六・七二五）。

の判旨によっても確認せられているところである。

（二）ここに、公務に従事する資格の根拠が法令に存するとか、就職が法令に根拠を有するというのは、公務従事者に任用し得る権限が法令に規定のあること、換言すれば、ある者を公務従事者に任用したことが適法であること、従って被任用者の行為が国家又は公共団体の行為として効力を有し得ることを指すものではなく、一種特別の意義が附せられているのである。即ち、それは、次の判例からも窺い知ることができるように、法令中に特に職名を明示してその該当者を任用し得る旨の特段の明文の規定が存することを要するという趣旨なのである。

【8】「刑法ニ所謂公務員トハ官吏公吏及法令ニヨリ公務ニ従事スル議員委員其ノ他ノ職員ヲ指称スルコト同法第七条ノ明定スル処ナレハ縦令官吏公吏ニ非スシテ公務ニ従事スル者アリトスルモ其ノ任用職務等ニ関シ

法令上ノ根拠アルニアラサレハ之ヲ目シテ公務員ト称スルコトヲ得ス原判決ノ確定セル事実ニ依レハ被告捨吉ハ九州帝国大学総長真野文二ヨリ同大学建築課雇ニ任命セラレ同課雇トシテ工事現場監督若クハ同設計係ニ勤務シ建築課長ノ命ヲ受ケ同課技手ノ補助トシテ建築工事ノ監督又ハ検査ヲ為ス地位ニ在リタリト云フニ在ルヲ以テ被告捨吉ノ官吏公吏ニ非サルコト論ナキ所ナレハ進ソテ同人カ判示九州帝国大学建築課雇トシテ建築工事ノ監督又ハ検査ニ従事シタルハ果シテ法令ニ根拠スル所アリヤ否ヲ審究スルニ九州帝国大学処務規定ニ依レハ同大学ニ庶務課会計課建築課等ヲ置キ建築課長ハ技師ノ中ヨリ之ヲ命シ各課所員ハ上官ノ指揮ヲ承ケ事務ヲ処理シ取扱事項ニ関シ其ノ責ニ任スル旨ノ規定存スルモ同大学ノ建築課勤務雇ノ任用ニ関スル特段ノ規定アルヲ見ス大正九年勅令第二百九十三号文部省内臨時職員設置制第二条ニハ唯臨時建築事務ニ従事セシムル為文部省及帝国大学ヲ通シテ技師専任二十三人技手専任四十四人ヲ増置スル旨規定スルニ止リ雇ノ任用ニ関シテハ毫モ規定スル所ナシ大正七年九月十八日文部省訓令号外帝国大学総長職務規定ニ徴スルニ雇ノ任用及職務ニ関シ何等特別規定ノ存セサルハ勿論又其ノ趣旨ノ看ルヘキモノナシ明治二十三年六月文部大臣訓令文部省直轄各部手当金並雇員傭給支給規則モ亦雇ノ公務員タルノ根拠トナスニ足ラス其ノ他前掲雇カ判示事務ニ従事スヘキ根拠タル法令存スルコトナキヲ以テ被告捨吉ハ刑法ニ所謂公務員ニ該当セサルモノト断定セサルヲ得ス」（大判大一四・一二・八刑集四・七二三）。

かくて、この判決は、九州帝国大学建築課雇について、訓令その他の法令に雇の任用に関する特別の規定のないことを理由として、これを公務員でないとしたのである。

これと同趣旨の見解によつて公務員性を否定した判例には左の如きものがある。

【9】「北海道一級町村制ノ施行セラルル高島郡高島町ノ工事監督員嘱託ハ官吏ニアラサルハ勿論官制職制上之ヲ公吏ナリト認ムヘキ根拠ナシ北海道一級町村制第十六条ニハ町村ニ書記其ノ他必要ノ附属員ヲ置キ有給吏員トス其ノ人員ハ町村会ノ議決ヲ以テ之ヲ定メ町村長之ヲ任免スト規定アリ而シテ之ニ従ヒ高島町ノ町会ノ議決ヲ経テ公布セラレタル高島町規程第十号ニハ一級町村制第十六条ニ依リ書記以下ノ定員左ノ通リ定ム書記

五人書記補四人予算ノ範囲内ニ於テ臨時雇員又ハ技術員ヲ置クコトヲ得ト規定セラレアリト雖右規程ハ一級町村制第七条ニ所謂町村条例又ハ町村規則ニモアラス又第三十二条ニ所謂処務規程ニモ該当セス加之右規程中ニハ工事監督員嘱託ナル吏員ノ存スルコトナシ而シテ右一級町村制第十六条ニ所謂町村会ノ議決ヲ以テ人員ヲ定ムルトハ有給吏員ノ一定ノ員数ヲ議定スルノ謂ナレハ工事監督員嘱託ハ高島町会ノ議決ニ因リ定メタル有給吏員ニ該当セサルモノト云ハサルヘカラス又右規程ノ技術員ニモ該当セス其ノ他法令ニ於テ右工事監督員嘱託カ高島町ノ公務ニ従事スル職員ナルコトヲ規定シタルモノナキヲ以テ右工事監督員嘱託ハ所謂公務員ナリト為スヲ得サルモノトス」（大判大一四・七・二〇九刑集四・五一七）。

【10】　「刑法第七条ハ本法ニ於テ公務員トハ官吏公吏、法令ニ依リ公務ニ従事スル議員委員其ノ他ノ職員ヲ謂フト規定スルヲ以テ官吏以外ノ公務員ハ法令ニ依リ公務ニ従事スル職員ニ限ラルルコト明ナリ故ニ法令ニ依リ国家又ハ公共団体ノ機関トシテ公務ニ従事スル者ナル以上ハ任命嘱託選挙其ノ他孰レノ方法ニ依ルヲ問ハス公務員タルニ妨ケナシト雖之ニ反シ縦令事実上国家又ハ公共団体ノ公務ニ従事スルモ何等法令上ノ根拠ナラサルニ於テハ其ノ従事員ハ刑法ニ所謂公務員ニ非ス所謂判示岡山市雇トシテ判示岡山市立南方小学校工事ノ新築工事ノ現場監督ニ従事セル奥村岩治ハ公務員ナリヤ否ヲ審究スルニ同人ハ岡山市雇ナルヲ以テ官吏ニ非サレハ勿論市制第八十五条ニハ前法条ニ定ムル者ノ外市ニ必要ノ有給吏員ヲ置キ市長之ヲ任免ス前項吏員ノ定数ハ市会ノ議決ヲ経テ之ヲ定ムト規定スレトモ之カ為ニ雇ヲ以テ直ニ市ノ有給吏員ト解スヘキニ非ス岡山市々吏員定員規程ニ依レハ其ノ第一条ニ市吏員ノ定員ヲ定ムルコト左ノ如シ主事書記七十人以下水道巡視十人以下書記補二十人以下トアリ其ノ第三条ニ技師、技手、機関手、助手其ノ他特種ノ吏員又ハ特種ノ事務ニ属スル吏員ノ定員ハ必要ニ応シ予算ノ範囲内ニ於テ市長之ヲ定ムトアリ之ヲ同市市吏員任用規程、市吏員俸給規程、市吏員退隠料、退職給与金、死亡給与金及遺族扶助料条例等ノ規定ニ対照シ考覈スルトキハ叙上岡山市吏員定員規程ニ所謂吏員中ニハ雇ヲ包含セサルモノト解スルヲ正当トスヘク岡山市役所処務規程ニ依ルモ雇ハ工事ノ現場監督ヲ担当スヘキ職員タルノ規定存スルコトナシ従テ右雇ハ岡山市ノ吏員ニ非スト判定スルヲ相当トスヘク其ノ他法令ニ於テ前記雇カ岡山市ノ公務ニ従事スル職員ナルコトヲ規定スルモノナキヲ以テ右工事ノ現場監督ニ従事

セル岡山市雇奥村岩治ハ刑法ニ所謂公務員ニ該当セサルモノト断定セサルヲ得ス然ラハ同雇奥村岩治ノ従事セル岡山市ノ建築工事ノ事務ニ関シ便宜ヲ受クル為同人ニ対シ金品ヲ提供スルモ贈賄罪ヲ構成セサルコト勿論ナレハ被告忠四郎ノ判示第三ノ行為ハ法律上罪ト為ラサルモノトス」（大判大一四・一〇・二〇刑集四・六〇七）。

右【9】の事案の第二審判決は、工事監督嘱託員の地位が極めて低いことを示す種々の事情を列挙した上（任命について支庁に対し報告もなく、出張旅費も支給されず、一般の職員の如く内職の禁止なく、月給であつたこと等）「被告人の工事監督嘱託員たる資格に付ては、仮令その従事したるところ高島町の公務に属したりとするも、これ畢竟、何等法令上の根拠なく、単に私法上の契約に因りその職に従事したるものと認むるの外なきに因り」として公務員でないとしたのである。

（三）　牧野博士は、右の判決を批判していう。公務員なりや否やは、国家又は公共団体の機関としてはたらくのであるか否かの問題である。そして一定の人が国家のためにはたらく場合において、その仕事が国家の機関として為されるのか又はその者自身の仕事として為されるかは、如何なる標準によつてこれを定めるかの点に帰着する。本件の場合において、この点に関する形式的な標準を現行法上見出し難いが、これは工事嘱託員なる者が設けられている趣旨如何によつて定まるだけのことであろうと思う。そしてそれは結局社会の通念に従つて判断する外はないこととなる。本件の工事嘱託員の仕事が工事の監督であること、工事監督嘱託なる名称が用いられていることから考えてみて、その制度従つてその地位は公のものと見るべきではなかろうか。そしてこの工事監督嘱託員は雇員とみるべきものと思う（牧野・刑法研究三巻三一二頁以下）。博士は更に雇員について「直接的な成文の法規のあることが特に一定の者を公務員と解するに必要だと解すべき合理的基礎は、わたくしには解らないのであり、その点に付いては判例は、由来何等の説くところがない」とされ（牧野・刑法研究三巻二六三頁）、又刑法七条の規定が「法令ニ依リ」という語をおいたのは、むしろ「公務に従事する職員」という意味を明らかにするために附加せられた当然の語であり、特に制限的な意味はないとされ（牧野・刑法研究四巻三二〇頁）、工事の現場監督を担当させる雇員の如きは、特別の規定を待たずして適当に仕事をさせ得るものなるところに雇員という制度の一種の作用があるのであつて（同上三二三頁）、「かかる地位、俸給も低くその仕事は比較的に重要でないものであるから、当局者は、特別な法規の拘束を受けることなく任意に任免し得るのであり、これは少くとも一般に固く確認されている慣習法上の事柄である」とされ（同上三二二頁）、判例の採る理論付けには反対せられる。しかし博士は「必ずしも雇員をもつて公務員なりと主張するのではない――雇員の実質、その実生活における性質を裁判所としては今一歩立ち入つて取調べてもらいたいとおもふのである」と結ばれるのである（同上三二四頁）。

（四）　更にこれらの判例に対しては、美濃部博士が次の如き注目すべき見解を発表せられた。

「判例は刑法に所謂公務員たる為めには『公務ニ従事スル資格の根拠ガ法令ニ存スル者』たることを要するものと為し、其の資格に付いて法令の定めの無い者、言ひ換ふれば一般抽象的な成文の定めに依り公務に従事する資格あることを規定して居らぬ者は、公務員に非ずと為して居る。即ち先づ一般的の通則を以つて、公務に従事する資格ある者の定めを為し、此の通則の定めに従つて任用せられた者でなければ、公務員に該当しないものと為して居るのであるが、それも正当の理由あるものではない。

公務員たることに付き法令の根拠が必要であるとしても、其の根拠は唯これを公務員として任用することの権限に付いて必要であるに止まり、其の任用せらるる者の資格に付いて必要であるのではない。法令に依り任用の権限を有する者が任用して公務を担任せしめて居る者であれば、公務員たるに十分であつて敢て、其の被任用者が公務に従事する資格あることに付き、特別な通則的な成文の定めあることを要するものではない」。「予算の範囲内に於いて雇員其の他の職員を設置し得ることは、各庁長官の当然の権限であつて、訓令や処務細則に依つて、職名や職務権限を定めることは、敢て必要ではなく、これを定めると否とは長官の便宜決し得べき所である。土木出張所の雇や区裁判所の雇のやうに、偶々訓令の定めの有るものも有り、帝国大学の雇や岡山市の雇のやうに、訓令の定めの無いものも有るが、其の定めの有るや否やは、単純な偶然に過ぎない。凡て刑法上の犯罪を処断するには、法律の保護せんとする法律利益が何に在るかを観察し、問題たる被告人の行為が果して此の法律利益を侵害したものであるや否やに因つて、有罪なりや否やを決せねばならぬことを当然とする、然るに、公の工事の監督といふ同じ性質の公務を担任して居る者が、其の職務に関して同様に賄賂を収受したに拘らず、其の職名が訓令又は処務細則中に掲げられて居るや否やという単純な偶然に因つて、或は有罪となり或は無罪となると為すが如きは、其の不合理であることは余りに明瞭である」（公務員賄賂罪の研究一六頁乃至一九頁）。

（五）　思うに、常識的に考える限り、法令に依り公務に従事する者とは、美濃部博士の説く如く、法令に依り任用の権限を有する者によつて任用せられた者を指し、換言すれば、その公務に従事することが法令の根拠に基いているという趣旨に解すべきであろう。しかるに、判例が、この事理当然の解釈に従うことなく、法令において資格が規定せられていない限り、たとえ公務に従事する者でも公務員でないとしたのは何故であろうか。牧野博士と共にその真意の了解に苦しむところである。

判例と同じ見解を採る学説は泉二博士のそれである。博士は「公務員の意義に関する大審院の判例は予輩の所説と全然一致する如し」とされ、「公務に従事する職員は法令に依り其地位を認められたる者なるを要す」と主張されるのである（日本刑法論総論二〇五頁）。しかし博士もその理由に至つては何等説くところがない。

思うに、右の説は、公務員であるかどうかを決定するについて、その者が公務の担当者であるかどうかということよりも職員であるかどうかということに重点を置くものであろう。わが刑法は公務員に関する犯罪について、最初（旧刑法）官吏のみを問題とし、次いでこれを公吏についても準用した（明治二三年法律第一〇〇号）。ここまでは、わが刑法の公務員に関する犯罪は官吏公吏という身分を中心として規定せられていた。しかるに現行刑法においては、公務員に関する犯罪を官吏、公吏に限定することは狭きに失するものとして、更に法令に依り公務に従事する職員にまで拡張した。この改正は、実は公務員概念に関する根本思想の大変革を意味するものであつた。即ちこれによつて従来の身分中心の公務員概念は公務担当者中心の公務員概念に切り換えられたのであつた。

ところで、法制の上では右の如く公務員概念は身分中心から公務担当者中心に切換えられたけれども、現実には従来の身分中心の公務員概念は、当時の官僚的、封建的思想と共に必ずしも現実にはしかく容易に転換できるものではなかつた。同じ公務担当者の中にも地位の上下を認めその一部に対してのみ公務執行妨害罪についてもこれを保護し、又その一部についてのみ高度の義務を認めその収賄罪を処罰しようとする思想が残存した。いわば一部職員の別格論であつた。

泉二博士は旧著日本刑法上篇（全訂三一版）において「職員」について定義を下して「職員と謂ふは一定の事務に従事することを業とするものにして即ち官制職制に依り数量に於て不定なる事務を担当す可き地位を認められた者なり」とせられた（前掲一九四頁）。この数量において不定なる事務を担当するということとは本来官吏及び公吏についてのみいい得ることであつて、官吏、公吏以外の職員についてはいい得ないことである。若し、泉二博士の右の職員の定義を厳格に適用するときは、職員に当る公務担当者は殆んどない筈である。にも拘らず泉二博士は、若干の疑問は残しながらも、少くとも法令に定めのある雇員についてはこれを公務員であると解されるのである（前掲一九六頁）。そして、その理由としては、「斯の如く解釈するに非ざれば公務執行に関する刑罰保護の趣旨を全うすることを得ない」という理論を超えた政策論をもつてせられるのである。右の泉二博士の考え方は、正に公務員概念に関する従来の身分中心説の名残りともいうべきであり、公務担当者中特定の地位身分をもつた者のみを公務員として取扱うべきものとし、その区別の基準を法令中に明文をもつてその資格、地位を規定せられた者のみを公務員として取扱おうとするのであろう。前記【4】の大審院連合部判決は、公務に従事する資格の根拠が法令に存するということを「法令ニ依リ国家又ハ公共団体ノ機関トナル」ことと同意義に解しているようであるが、ここに機関というのは全く特殊の意義を有するものであつて、正に右に述べた「法令の明文上その地位を認められた職員」という趣旨に外ならないのである。

かようにして、泉二博士の学説及びこれに従つたと認められる旧大審院判例は、既に公務担当者中心に転換せられた現行刑法の公務員概念に適合しないことは明白であつて、この考え方が早晩改められるであろうことは必至の運命であつたところといわねばならない。

(六)　右に述べた大審院判例の見解は、牧野、美濃部両博士の批判にもかかわらず最高裁判所判例においても引き継がれていたところであつて、たとえば、

【11】　「しかし昭和二三年三月一五日戦災復興院訓令第一号戦災復興院特別建設出張所処務規程第二条は所

長は戦災復興院総裁の指揮監督を受け処務を掌理するとあり、同第三条には所長は雇員以下の任免を専行することができると規定している点に鑑みるときは、雇員たる身分を有し、建築資材割当台帳に基いて建築資材需要者割当証明書を発行することを担当していた被告人は、刑法第七条に所謂公務員であるといわなければならない」（最判昭二五・二・二八刑集四・二六八）。

として、法令たる判示処務規程三条に所長が雇員以下の任用権を有することを認定判示している。そして次の最高裁判決も刑法上公務員たるには「その公務に従事することが法令に根拠を有する」ことを要すとし、

【12】「当裁判所職権調査の結果によれば、同人が公共団体である坂出市の雇員に任命された昭和二三年四月一五日当時及び本件犯行時（昭和二三年八月二三日）には明治四四年法律第六八号市制は廃止され、地方自治法が施行されていたが、同法附則第一一号によれば「従前の……市制……又はこれの法律に基いて発する命令によつてした手続その他の行為は、これをこの法律又はこれに基いて発する命令中の相当する規定によつてした手続その他の行為とみなす」と規定されている。そして右開正の任命発令当時は地方自治法にもとづく現行の「坂出市職員定数条例」（昭和二四年一二月五日同市議会議決）はいまだ制定されてなく、旧市制にもとづく「市吏員定員規程」（昭和一八年二月二五日坂出市会議決）により、当時の坂出市長によつて任命されたものであることが認められる。従つて右任命は地方自治法施行後も適法のものなのである。ところで右定員規程中の市吏員中には「雇員」を含む旨の特別な明文はないが、しかし同規程第三条によれば「市長ハ時宜ニヨリ定員ニ拘ラズ主事、主事補、技師、書記其他附属員ヲ任免スルコトヲ得」との規定があり、これに改正の任命直後制定され且つ本件犯行時既に施行されていた「坂出市職員退職手当並に復庚疾病死亡給与金支給条例」第一条及び「坂出市超過勤務手当等支給規則」第一条によれば、右各支給の対象となる坂出市職員の内には明かに雇員を含む旨規定されていることが確認される。そして以上のうち規程は市制第四二条、条例及び規則は地方自治法第九六条にもとづき各制定されたものと認むべく、従つて何れも刑法第七条にいわゆる「法令」の

一種であることはいうまでもないところである。そこで以上を綜合して勘案すると、本件犯行時における改正は冒頭説明の如く、公共団体たる坂出市の一機関として公務に従事し、その公務に従事することが法令に根拠を有するものと認むべきであり、従ってその他位は刑法第七条にいわゆる「法令により公務に従事する職員」と称するを正当とする」（最判昭二五・一〇・二〇刑集四・二一一五）と判示した。

ここでも、坂出市長の雇員任用権の法文上の根拠を求めることに非常な苦心が払われている。ただ、この事案が他の事案と異る点は、従来の刑法においては、雇員を任用し得る旨の直接的な明文の存在を問題としていたのに反し、この事案においてはかような任用権に関する直接的な規定はなく、判示の如き諸規程から間接に雇員を設け得る旨の法の趣旨が推認されるにすぎないという点である。しかし、この場合でも雇員という職名はとも角法令中に明示されているのであるから、従来の判例の立場からも、坂出市雇員を公務員とすることは許されるところであろう。なお、本事案においては、判示処務規程三条に依れば「市長ハ……附属員ヲ任免スルコトヲ得」との規定があるが、若しこの附属員中に雇員が含まれるとすれば、この規程を根拠として（従つて他の規程中に雇員の文言がないとしても）これを公務員と認めることは、従来の判例上許されるものであろうか。或は雇員の明文のない限り矢張り消極に解すべきであろうか。

五　法令に基き任用されたことを以て足るとする立場

ところが、左記判例は、

【13】　「原判決挙示の証拠によれば、原判示のごとく同被告人は、広島財務局長の通牒によつて権限を授与された松江税務署の任命権に基いて同署雇に任用せられたものであることが認められ、財務局長が税務署長に対し右の如き授権をする権限のあることは法令上明らかであるから同被告人は、法令に基いて任命された税務

署の職員であることは明瞭である。しかして原判決の確定するところによれば、同被告人は昭和二一年一月から同二二年六月三〇日まで右雇として同署直税課第一保に勤務し、同保保長吉岡実等の命を受けて、同署管内居住の個人の納税義務者に対する所得税の賦課について、所得税額の決定上参考となる資料の蒐集、納税義務者の帳簿の調査等の事務を担当していたというのであるから、同被告人が同署雇として同署所管の公務に従事していたことは明らかである」(最判昭二五・三・二四刑集四・四一一)。

として、税務署長が雇を任命することができる旨の明文の定めがあるかどうかを問題とすることなく、ただ被告人を雇として任用したことが税務署長の任用権に基くものであることを理由として被告人と公務員と認めたのである。これは、従来の大審院判例と根本的に異る立場によるものであつて正に劃期的なものというべきであろう。

そして、これと同じ考え方に基いて左の判例がある。

【14】「記録を精査すると、兵庫県事務吏員主事田中政雄に対する検察官の聴取書中に同人の陳述として、兵庫県で雇を任命するについては、本省からの辞令様式の通牒により兵庫県名で辞令を出していたこと及び同県雇については定員の定めはないが、予算的には定員があり、その俸給は大蔵省給与局長の移牒に基いてこれを支給していたことが記載されており、被告人は兵庫県知事より任命された国費支弁の雇であつたことが窮われる。そして、同知事にかかる雇の任命権限があつたことは大正一五年六月四日勅令一四七号地方官々制五条八条一項の規定の趣旨に徴し明らかである」(最判昭二六・七・二〇刑集五・一五八六)。

更に

【15】「被告人が公務員の身分をもつものと解した原判断にあやまりはないのである。すなわち、本件当時における特別調達庁は、特別調達庁法(昭和二二年法律七八号)にもとづいて設立された法人で、内閣総理大臣の監督の下に、経済安定本部総務長官の定める基本的方策に基き主務大臣の定める計画、指示に従い、連合

国又は政府の需要する建造物・設備の営繕ならびに物資・役務の調達に関する業務で主務大臣の指定するものを行うことを目的とするものであつた（同法一条）。同法一四条は、同庁の「役員」「職員」を官吏その他の政府職員とし、「役員」のうち「総裁」は各省次官と同級又は同格、その他の「役員」は一級又はこれと同格とし、「職員」は一級・二級・三級又はこれらと同格としている。そして、同法一六条は、同庁は業務開始にあたり業務の方法を定めて経済安定本部総務長官の認可を受けるべきこと、その変更についても同様認可を要することを定めているのであるが、右規定にもとづいて制定された特別調達庁職制三〇条（昭和二三年七月一日の改正で三二条となる）は、「本庁に職員の外に雇員及び傭人を置く。」と定めている。被告人は、この規定にもとづいて任用された同庁福岡支局の雇員なのであるから、特別調達庁法一四条にいう「役員」「職員」にあたらないことはあきらかである」（最判昭三〇・一二・三刑集九・二五九六）。

この事案においては、特別調達庁職制三〇条に「本庁に職員の外雇員を置く」旨の明文があるから、大審院判例の趣旨からしても公務に従事する資格の定めがあるといえるから、別段問題はないわけであるが、この判決も従来の判例と異る立場によつたものであることは、本判決に対する戸田調査官の解説において

「本決定も、本件の場合において雇員の名称が掲げられている特別調達庁職制が、刑法七条の「法令にあたるかどうかをあえて問題としないで――原判決は同職制が『刑法第七条に所謂法令と解し得べき』ことをわざわざことわつていたのに――たゞ、被告人の任用が『法令の根拠にもとづく』ということだけを結語としているのは、かならずしも無意味ではあるまい。大審院判例の考え方に対しては、すくなくもある反省が加えられているものとみてよいではなかろうか」

としていることによつても窺われるところである（法曹時報八巻二号一一五頁）。

なお、この事案に関する第二審判決については高裁刑集六巻八号一〇八三頁参照。

六　法令の種別

(一)　右にみたように、大審院判例は、公務に従事することの資格が法令に定めあることを要すると解したのであるが、その法令とは必ずしも法律又は法規命令の形式を以ってするものに限らず、訓令又は官庁内部の処務規程でも、苟くもそれが抽象的の通則を定むるものであればよいとしていた。

【16】「刑法第七条ニ所謂法令ノ範囲ニ付キテハ何等制限ノ存スルナキカ故ニ府県知事ノ発スル訓令ノ如キモ特定セル個々ノ事件ニ対スル処分ニハアラスシテ抽象的ノ通則ヲ規定セルモノナル以上ハ其規定ノ内容カ単ニ行政内部ノ組織作用等ヲ定メタルニ過キサルモノナリトスルモ倘ホ一般遵由ノ効力アル法令ト均シク此中ニセラルルモノト解スルヲ相当トシ又同条ニ所謂公務員トハ其職務ノ範囲ニ至ルマテモ法令ニ於テ直接ニ之ヲ規定包含シタルモノニ限ルト規スヘキ理由ナキニ因リ縦令法令カ或職員ノ職務ヲ定ムルコトヲ一定ノ機関ニ委任シ其機関ヲシテ監督官庁ニ対シ其所定ノ結果ヲ報告セシムルニ止マルカ如キコトアリトスルモ苟モ該職員ノ任命ヲ根拠トシテ叙上ノ意義ニ於ケル法令ニ依レル以上ハ其職員ノ名称ノ何タルヲ問ハス同条ニ所謂公務員ニ該当スルモノト謂ハサルヘカラス而シテ府県知事ハ府県制第七十八条第二項第一号及ヒ第九十二条ニ基キ府県費ヲ以テ支弁スヘキ事件ヲ執行シ府県ノ事務ニ関スル処務規定ヲ定ムルノ職権ヲ有シ且之ニ依リ府県ノ事務ヲ執行スルニ当リ職員ヲ置クコトヲ必要ナリトセハ之ヲ任命スルヲ得ヘキカ故ニ茨城県知事ハ此等ノ法令ニ基キ明治三十年十月三十一日訓令乙第三百二十九号土木監督規定ヲ設ケ其第一条ニ管内六工区孰レモ技手及県吏員若干ヲ派出シ区内ノ工事監督設計測量等ニ従事セシムヘキコト其第三条ニ工区長ハ派出員ヲシテ適宜事務ヲ分担セシムルコトヲ得此場合ニ於テハ其旨ヲ県庁ニ詳報スヘキコト並ニ其第八条ニ工区派出員ハ工区長ヲ経由シテ公文書ヲ発送シ得ルコトヲ定メ大正二年三月十四日茨城県訓令乙第四十五号ヲ以テ右訓令ヲ改正シ其第一条ニ土木監督工已ニ主幹一名所員若干名ヲ置クコト第二条ニ主幹ハ本庁ノ指揮ヲ受ケ其工区ニ属スル一切ノ事務ヲ主管シ所員ノ事務分担ヲ定メ所員ハ主幹ノ指揮監督ヲ受ケ其分掌事務ニ従事スヘク主幹ノ定メタル所員ノ事務

分担又ハ其変更ハ本庁ニ之ヲ報告スヘキコトヲ定メ又其第五条ニ於テ所謂所員ノ単独出張ノ場合ヲ認メ明治三十一年五月十日茨城県訓令乙第百五十号ヲ改正セル大正二年三月十四日同県訓乙第四十六号土木工事監督心得第二条及其引照セル附属第一号書式ニ於テ土木技手補カ土木技手ト同シク土木監督者タルコトヲ規定シ明治四十四年茨城県訓令乙第百八十六号給料旅費規定第十七条ニ於テ土木技手補カ土木用務ニ関シ独立シテ管内ニ出張スル場合ヲ認メ同年五月二十二日所定ノ磯浜築港工務所内規定第四条及ヒ第七条ニ於テセメント試験工場ノ担当者ニ分附属員ヲ置ク場合ニ於テハ分附属員ハ担当者ノ指揮ヲ受ケ分担ノ工務ニ従事スヘキコトヲ定メアリテ原判決カ証拠ニ依リテ確定シタル事実ニ依レハ被告ハ茨城県土木技手補トシテ同県磯浜工務所ニ於テ同工務所用材料トシテ納入ニ係ルセメントノ検査ノ職務ニ従事シ居タルコト明白ナルヲ以テ被告ハ原判示ノ如ク法令ニ依リ公務ニ従事セル職員ニ外ナラサルコトハ疑ヲ容ルルノ余地ナク前示給料旅費規定ニ依リ茨城県土木技手補カ雇員ノ一種タルコト明ナルモ之カ為ニ其公務員タル性質ヲ失ハシムルモノニアラス即チ或職員カ雇員ニシテ且公務員タルコトハ必スシモ常ニ牴牾スル観念ニアラサルカ故ニ被告ニ対シ刑法第百九十七条第一項前段ヲ適用処断シタル原判決ハ正当ナリ」（大判大四・五・一四刑録二一・六二五）。

【17】　「法令ニ依リ国家又ハ公共団体ノ機関トシテ公務ニ従事スル者ハ任命嘱託選挙其ノ他孰レノ方法ニ依ルヲ問ハス又法令ノ明文上特ニ其ノ職務権限ノ定アルト否トヲ問ハス刑法第七条ニ所謂法令ニ依リ公務ニ従事スル職員ニ該当シ公務員ト称スルコトヲ妨ケサルコトハ既ニ当院ノ判例トスル所ナリ（大正十一年（れ）第二四一号同年七月二十二日第一第二第三刑事総聯合部判決）即チ公務ニ従事スル資格ノ根拠カ法令ニ存スル者ハ所謂公務員ニシテ其ノ職務権限カ法令ニ規定セラルルト否トハ之ヲ問ハサルナリ、而シテ右ニ所謂法令ニ付テハ其ノ種類ヲ制限セサルヲ以テ苟モ国家又ハ公共団体ノ法律又ハ命令ニシテ任命嘱託選挙其ノ他任用ニ関スル一般抽象的準則ヲ定ムルモノナル以上勅令省令タルト指令訓令タルト其ノ他名称ノ如何ヲ問ハス総テ之ヲ包含スルモノト解スヘキモノトス然リ而シテ東京税務監督局管内ニ於ケル税務署ノ雇員ハ所管大臣ノ委任ヲ受ケタル権限ニ依ル東京税務監督局長訓令ニ基キ任用セラルヘキモノナレハ其ノ就職ハ所謂法令ニ根拠ヲ有スルモノト云フヘク云々」（大判昭一二・五・一一刑集一六・七二五）。

(二)　法令の公布公示の有無について判例はこれを必要としないとする。

【18】「明治四十年軍令陸乙第三号ハ陸海軍ノ統帥ニ関シ大権ノ発動ニ依リテ発セラレタル命令ヲ謂フモノニシテ右ハ他ノ法令ノ如ク必スシモ公示ヲ要スルモノニアラサルコト明治四十年軍令第一号ノ規定ニ照シ明ナリ而シテ刑法第二八条汎ク「法令ニ依リ公務ニ従事スル議員委員其他ノ職員云々」トアリテ其所謂法令ニハ何等ノ制限ヲ加ヘタル廉ナケレハ苟モ法令タル以上ハ其公示セラレタルモノト否トヲ問ハス総テ之ニ包含スルモノト解釈スヘク従テ同条ノ法令中ニハ前記軍令モ亦包含スルモノト云フヘキハ勿論云々」（大判明四四・六・一三刑録一七・一一四一）。

【19】「知事ハ耕地整理法第八十二条第八十四条ニ依リ監督上必要ナル抽象的ノ法規命令ヲ発スルコトヲ得ルモノニシテ鹿児島県知事ハ此権限ニ基キ所論判示耕地整理出張所規程ヲ設ケタルモノナリトス而シテ該規程ハ箇々ノ事件ニ対スル処分命令ニアラス抽象的ノ準則ヲ定メタルモノナレハ公布式ニ依リ公布セラレタルト否トヲ問ハス刑法第七条ニ所謂法令ニ該当スルモノト解スルヲ正当トスルカ故ニ該規程ニ所謂耕地整理工事監督員ハ法令ニ依リ公務ニ従事スル職員ナリト認メサルヘカラス」（大判大一〇・五・二八刑録二七・四九一）。

【20】「市制第六十三条第一項ニ八市会ハ会議則及傍聴人取締規則ヲ設クヘシトアリテ京都市会カ之ニ基キ京都市会々議規則（大正十四年六月二十五日改正）ヲ設ケ其ノ第六十条ニ於テ市ノ事務ニ関シ調査ノ必要アリト認メタルトキハ委員ヲ選任シテ調査ノ上報告ヲ為サシムルコトヲ得ト定メタルハ即チ同市会カ市制ニ依リ与ヘラレタル権限ニ基キ委員ノ選任及其ノ職務権限ヲ規定シタルモノナレハ同規則ハ刑法第七条ニ所謂法令ノ一種ニ属スルハ勿論ナリ而シテ同規則カ法律命令ニ於ケル如キ公布ノ形式ヲ採ラサルモ之カ為叔上ノ解釈ニ異同ヲ生スヘキモノニ非ラサルコトハ当院判決ノ趣旨トスル所ナリ」（大判昭六・三・七刑集一〇・六九）。

(三)　右の判例の見解に対しては、美濃部博士の次の如き批判がある。

第一に、判例は刑法第七条に所謂「法令」の観念を以つて、一方には訓令や内規の類をも含むものと為すと共に、一方には一般抽象的の成文の定めであることを要するものと為し、『任用ニ関スル一般抽象的準則ヲ定ムルモノナル以上勅令省令タルト指令訓令タルト其ノ他ノ名称ノ如何ヲ問ハス総テ之ヲ包含スルモノ』と解して居るのであるが、それは法令の観念に付いての正当なる見解とは為し得ない。「法令」とは法律命令を要約した語であることは、言うまでもなく、而して命令の観念は憲法第八条及び第九条に根拠を有するもので、一般人民に対して遵由の効力を有する命令のみを意味し、一般人民に対して発せらるるものでなく、単に行政庁の内部に効力を有するに過ぎない訓令や内規の類は、命令の観念に含まるるものでないと共に、一方に於いては、所謂法令とは、必ずしも一般抽象的の定めであることを其の観念の要素と為すものではない。判例が訓令や内規の類をも法令の観念に属するものと為し、又其の観念が一般抽象的の定めたることを要素と為すものとして居るのは、二つながら失当たることを免れない。

刑法第九条に所謂法令が、一般人民に対して効力を有する法規のみを意味し、行政機関の内部にのみ効力を有する訓令や内規の類を包含するものでないことは、或る者が公務員であるや否やは、一般人民がこれを知り得る地位に在るものでなければならぬことに依つても明瞭である。公務員に対して賄賂を贈り、又は公務員の職務執行を妨害すれば、何れも犯罪を構成するものであるが、贈賄者又は職務妨害者は、其の者が公務員であることを知らなかつたことの故を以つて、其の罪を免れ得べきものではなく、それは刑法第三八条第三項に所謂「法律ヲ知ラサルヲ以テ罪ヲ犯ス意ナシト為スコトヲ得ス」に該当する。即ち其の者が公務員であることは、人民はこれを知つて居らねばならぬ義務あるもので、これを知らなかつたことは法律の不知に該当し、知らなかつたが為めに違法の認識を欠いて居たとしても、罪責を免るることを得ないのである。然るに訓令や内規の類は、行政機関の内部にのみ効力を有するもので、一般人民は固よりこれを知らねばならぬ義務あるものではなく、又それ等は概しては外部には発表せられないものであるから、人民はこれを知り得る地位に在るものでもない。若し公務員たることの根拠が、単に訓令や内規の類にのみ存するものとすれば、訓令や内規は一般人民とは無関係で、人民はこれを知り得る地位に在るものではないから、人民はその者が公務員であることを知らなかつたことに付き、毫も過失の責あるものではなく、これを罪すべき理由の無いものとならねばならぬ。訓令や内規を知らなかつたことは、決して刑法第三八条第三項に所謂法律の不知に該当するものではない。言い換えれば、公務員たることの根拠は、必ず一般人民に対して効力を有する訓令に存するものであつてはならぬ。判例が或る者が公務員であることを判示するに当り、訓令や内規の類に其の定めあることを根拠として、これを公務員として判示することを例として居るのは、此の点に於いて既に失当たることを免れないものである。

判例は又刑法第七条に所謂法令を以つて『一般抽象的準則ヲ定ムルモノ』たることを要するものと為し、一般的の通則の定めが有り、此の定めに従つて任用せられたものでなければ、公務員に該当しないものと解して居るのであるが、法令の観念は、必ずしも一般抽象的の定めであることを其の要素と為すものではない。一般的の定めと具体的の定めとは、判然たる性質上の区別あるものではなく、一般的の定めも畢竟多数の個々の事件に共通な定めというだけで、結局は具体的の定めの綜合せられたるものに外ならない。例えば、二・二六事件の発生に当り、其の具体的な一事件のみを審理せしむる為めに、緊急勅令を以つて、特別の軍法会議を設置せられたが、特定の事件だけの為めに任命せられた軍法会議でも、一般的な多数の事件を審理せしむる為めに設けられた軍法会議たる性質に於いて異なるべき理由は無く、其の緊急勅令は具体的な一事件に関する定めであるが、尚お法令の観念に属するものであることは、言うまでもない。

判例は刑法に所謂公務員たる為めには『公務ニ従事スル資格ノ根拠ガ法令ニ存スル者』たることを要するものと為し、其の資格に付いて法令の定めの無い者、言い換えれば一般抽象的な成文の定めに依り公務に従事する資格あることを規定して居らぬ者は、公務員に非ずと為して居る。即ち先づ一般的の通則を以つて、公務に従事する資格ある者の定めを為し、此の通則の定めに従つて任用せられた者でなければ、公務員に該当しないものと為して居るのであるが、それも正当の理由あるものではない。

公務員たることに付き法令の根拠が必要であるとしても、其の根拠は唯これを公務員として任用することの権限に付いて必要であるに止まり、其の任用せらるる者の資格に付いて必要であるのではない。法令に依り任用の権限を有する者が任用して公務を担当せしめて居る者であれば、公務員たるに十分であつて、敢て其の被任用者が公務に従事する資格あることに付き、特別な通則的な成文の定めあることを要するものではない。

予算の範囲内に於いて雇員其の他の職員を設置し得ることは、各庁長官の当然の権限であつて、訓令や処務細則に依つて、職名や職務権限を定めることは、敢て必要ではなく、これを定めると否とは長官の便宜決し得べき所である。土木出張所の雇や区裁判所の雇のように、偶々訓令の定めの有るものも有り、帝国大学の雇や岡山市の雇のように、訓令の定めの無いものも有るが、其の定めの有るや否やは、単純な偶然に過ぎない。凡て刑法上の犯罪を処断するには、法律の保護せんとする法律利益が何に在るかを観察し、問題たる被告人の行為が果して此の法律利益を侵害したものであるや否やに因つて、有罪なりや否やを決せねばならぬことを当然とする。然るに、公の工事の監督という同じ性質の公務を担任して居る者が、其の職務に関して同様に賄賂を収受したに拘らず、其の職名が訓令又は処務細則中に掲げられて居るや否やという単純な偶然に因つて、或は有罪となり或は無罪となると為すが如きは、其の不合理であることは余りに明瞭である（公務員賄賂罪の研究一三三頁以下）。

（四）　大審院判例が、公務員たるには、その公務員たる資格の根拠が法令に定めのあることを要するとする見解を採る限り、右のように、法令とは単に法律命令に限らず、訓令内規の如きものでも足りると解したことは、一般に雇傭人等については法律又は法規命令において明示的にその任用権限のあることを規定する場合は稀である事情からみて已むを得ない結論であつたといえよう。だから、問題は「任用の資格が法令に存することを要する」という原則に固執するところに存するのであつて、これを是認する限り、右大判の如く、結論の妥当を所期するためには刑法七条にいう法令とは必ずしも法律及び法規命令に限らないと解する外はなかつたものと思われる。

美濃部博士は、公務員たることの根拠が訓令や内規の類のみに存するものとすれば、人民はこれを知ることができず、しかも訓令や内規を知らなかつたとしても、それは刑法三八条三項の法の不知であつて罪責を免れることを得ず不合理であるとするのであるが、これは刑法論としてはしかく簡単に結論することはできない。若し、公務員たることの根拠が内規のみに存し、従つて人々が内規の不知のために相手方が公務員であることを知らなかつた場合は、むしろ事実の錯誤として故意を阻却するものというべきであろう。尤も、公務員であることの認識は、必ずしも相手方の雇員その他の職名を知る必要はなく、公務に従事する者であることを知れば、少くとも未必の故意として十分であろうから、かかる認識は通常の場合には内規等を知らなくても、推認できるであろうから、実際問題としては博士の心配されるような不都合は生じないものと思われる。

(五)　最高裁判例においても、大審院判例と同様の見解を採ることは次の判決によつて明らかである。

【20】　「按ずるに刑法第七条にいわゆる公務員は官制・職制によって其職務権限が定まっているものに限らずすべて法令によって公務に従事する職員を指称するものであって其の法令中には単に行政内部の組織作用を定めた訓令と雖も抽象的の通則を規定しているものであれば之れを包含するものであることは大審院判例の示すところであって、今之れを改むべき理由を認めない」(最判昭二五・二・二八刑集四・二六八)。

しかし、前述のように、最高裁判例において、漸次公務に従事する資格が明文に定めてあることを必要とする立場を離れるにつれて、近い将来においては、法令の意義についても新たな見解が形成されるに至るであろうと推測される。

(六)　なお、大審院判例において、法令に該当しないものとしたものに「町村組合会の決議した規約ではなく単に管理者の規定したに止まる町村組合処務規程」がある。

【21】　「一部事務ノ為メニ設クル町村組合ノ組合規約ニ関シテハ町村制第百三十二条第二項ニ之レカ規定ヲ設ケ其組合規約ニハ第一項ニ列挙スル事項(組合ノ名称、組合ヲ組織スル町村、組合事務及組合役場ノ位置)ノ外組合会ノ組織及組合会議員ノ選挙組合吏員ノ組織及選任並組合費用ノ支弁方法ニ付キ之レカ規定ヲ設クヘキコトヲ命スルヲ以テ組合吏員ノ組織ニ関スル事項ハ組合規約ヲ以テ之ヲ規定スルヲ要ス然ルニ本件某町外七村組合ニハ右組合吏員ノ組織ニ関スル詳細ノ規定ナリ又同制第百三十六条ニ依レハ町村組合ニ関シテハ法律勅令中別段ノ規定アル場合ヲ除クノ外町村ニ関スル規定ヲ準用スルモノナレトモ右組合ニハ同制第七十一条第二項ニ規定スル有給吏員ノ定数ニ関スル組合会議決ノ見ルヘキモノナク且被告両名ハ原来組合管理者其ノ嘱託ニ因リ組合ノ事務員トナリタルニ外ナラサルヲ以テ其組合事務員ノ地位ハ町村ニ関スル規定ノ準備上同制第六十

条乃至第七十一条ニ掲クル町村長以外ノ吏員ニ該当スルモノニアラス又委員ニ該当スルモノニアラス又本件組合規約ニハ専ラ組合事務一切ヲ挙ケテ之ヲ管理者某ニ委託シタルニ過キス前掲事務嘱託ノ事項ハ組合規約ニ規定スル所ニアラス故ニ被告両名ハ組合規約ニ従ヒ公務ニ従事スルモノト云フヘカラス又管理者某ノ定メタル右某町外十一村組合処務規程ハ組合会ノ決議シタル規約ニアラスシテ単ニ管理者ノ規定シタルモノタルニ止マルヲ以テ刑法第七条ニ所謂法令ニアラス其他法令ニ於テ前掲町村組合事務員ノ職務ノ権限ヲ規定セルモノナシ故ニ被告両名ハ刑法第七条ニ従ヒ公務ニ従事スル者ニ該当セサルモノト認ムヘキモノトス故ニ被告両名ヲ公務員ト認メテ之ニ対シ刑法第百九十七条第一項前段ヲ適用シタル原判決ハ擬律ノ錯誤アリ」（大判大七・六・二〇刑録二四・七二四）。

五　公務の意義
——特に公法人の事務の公務性について——

（一）　通説は公務とは国又は地方団体の事務をいうものとし、それ以外の公法人（公共組合、営造物法人等）の事務もまた公務であるとする。判例も同様である。

【22】　「農会カ公法人ナルコトハ夙ニ本院判例（大正十二年（れ）一五三四号同年十二月十三日判決）トスルトコロナリ従テ被告等カ秋田市農会議員トシテ同会ノ会長副会長其他ノ役員ヲ選任スヘキ職務ハ公務員トシテノ職務ニ外ナラサルヲ以テ原審カ該職務ニ関シ賄賂ヲ収受シタル事実ヲ認定シテ之ヲ刑法第百九十七条第一項ニ問擬シタルハ正当ニシテ所論ノ違法アルコトナシ」（大判昭一一・一一・三〇刑集一五・一五三四）。

（二）　公務の意義について詳細な説明を加えた判例は見当らないが、「法令ニ依リ規定セラレタ事務」（前掲大判大五・一一・六刑録二二・一七二七）、「所属庁長ノ命ニ依リ担当スル職務」（大判大一一・七・一一刑集一・三九七）、「法令ニ基キ上官ノ指揮ヲ受ケナス所務」（大判昭一二・五・一〇刑集一六・七一七）というような表現を用いて公務であることを示している。

（三）　ところで、国家及び地方団体の事務が公務であることについては一応問題はないとしても、その他のいわゆる公法人の事務が公務であるかどうかについては異論があり得る。そこで、この問題に関する従来の判例を検討してみよう。

【23】　「明治三十五年法律第十二号北海道土功組合法ヲ見ルニ其第一条ニハ「北海道ニ於テ区町村又ハ区町村組合ノ事業ト為スコトヲ得サル特別ノ事情アル場合ニ限リ左ノ事情ヲ目的トシ一定ノ地区ヲ定メテ土功組合ヲ設置スルコトヲ得」トアリ其第五条ニハ「北海道庁長官ハ必要ト認ムルトキハ組合……加入ニ同意セサルモノニ対シ之カ加入ヲ命スルコトヲ得」トアリ又其第六条ニハ「組合員組合費ヲ完納セサルトキハ区町村長又ハ戸長ハ組合ノ請求ニ依リ区町村税徴収ノ方法ニ準シテ之ヲ徴収ス」トアリ又其第十条ニハ「組合ハ主務大臣北海道庁長官及北海道支庁長之ヲ監督ス」トアリテ北海道土功組合法ニ因ル組合ハ北海道区町村又ハ其局部ノ公益上必要ナル事項即チ公共事務ヲ取扱フ為メ公法上設ケラレタル公共団体ナレハ其公法人ナルコト毫モ疑ナク云々」（大判大三・四・一三）（刑録二〇・五四三）。

として北海道土功組合を公法人と解し、その役員を公務員としている。

【24】　「法人カ公法人ナルヤ否ハ法人存在ノ目的タル事業カ国家ノ事務ニ属スルヤ否ニ依リテ定マルコトハ当院判例ノ認ムル所ナリ而モ其ノ法人カ国家ノ特別ナル監督ニ服シ其ノ目的トスル事業ヲ遂行スルノ義務ヲ国家ニ対シテ負担シ且法人ヲ組織スル会員ニ対シテ特別ナル権能ヲ有スルニ於テハ益々其ノ法人ハ国家行政組織ノ一部ヲ為シ公法人タルコト疑ヲ容レス大正十一年法律四十号農会法第一条及第二条ニ依レハ農会ハ農事ノ改良発達ヲ図ルヲ以テ目的トスル法人ニシテ同第三条ニ記載スル農会ノ事業ハ宛モ商事ニ関シ商業会議所ノ目的トスル事業ト均シク農事ニ関スル国家ノ公益事務ニ属スルモノナルコトヲ得ヘシ加之国家ハ農会ニ対シ其ノ事業ノ遂行ヲ国家ノ目的ニ適合セシムル為第三十四条ニ依リ農会ノ決議ノ取消、役員議員若ハ総代ノ解任又ハ改選ヲ命シ、事業ヲ停止シ得ルノ外農会ヲ解散スルヲ得ルニ至ルマテノ強大ナル監督権ヲ有スルヲ以テ農会ハ国家ニ対シテ其ノ事業遂行ノ公法上ノ義務ヲ負担スルモノト謂フヘク又第十六条及第三十条ニ依レハ農会会員ハ

法律上加入ヲ強制セラレ町村農会会員ノ負担スル経費又ハ其ノ徴収セラルヘキ過怠金ヲ滞納スルトキハ農会長ノ請求ニ因リ町村税ノ例ニ依リ滞納処分ヲ受クルヲ見レハ農会ハ其ノ会員ニ対シ公法上ノ権能ヲ有スルコト明カナリ、以上ヲ綜合シテ査覆スレハ農会法ノ意ノ存スル所ハ旧法ノ認メタル農会ト異ナリ新法ノ農会ヲ以テ公法人為シタルモノトス」（大判大一二・一二・一三刑集二・九六五）。

として農会を公法人とし、その事務を公務とする。

【25】「水利組合法第一条第二条ニ依レハ水利組合ハ水利土功ニ関スル事業ニシテ特別ノ事業ニ依リ府県其ノ他ノ地方公共団体ノ事業ト為スコトヲ得サルモノナル場合ニ設置セラルル法人ニシテ其ノ目的トスル所ハ本来府県其ノ他地方公共団体ノ事業タルヘキ事務ヲ遂行スルニ在リテ尚同第十条第一項第十二条乃至第十四条ニ依リ水利組合ノ設置ニ付テハ府県知事ニ於テ組合区域ヲ指定シ関係市町村長ノ一人又ハ数人ニ創立委員ヲ命シ組合規約ヲ許可シ必要アル場合ニハ之ヲ再議セシメ組合成立スルトキハ其ノ設置ヲ告示シ同第十五条第十六条ニ依リ組合ノ廃止分合又ハ区域ノ変更ニ付テモ府県知事ノ許可及告示ヲ必要トシ同第十八条第五項ニ依リ組合会員ノ選挙ニ付衆議院議員選挙ニ関スル罰則ヲ準用シ同第三十三条第一項第二項第三十四条第一項ニ依リ組合事務ノ管理者ハ府県知事ニ於テ関係市町村長又ハ官吏中ヨリ之ヲ指定告示シ会計事務ハ府県知事ノ指定シタル官吏又ハ府県吏員場合ニ依リテハ市町村収入役ヲシテ管掌セシメ同第三十八条ニ依リ管理者ハ組合吏員ニ対シ懲戒ヲ行ヒ同第四十八条第一項第四十九条第一項第五十条第一項ニ依リ組合ハ組合費又ハ夫役現品ヲ賦課シ必要ナル土地石竹木其ノ他現品ヲ使用又ハ収用スルヲ得シメ同第五十六条ニ依リ組合費其ノ他組合収入ノ督促滞納処分ニ関シテハ市町村税ノ例ニ依ラシメ其ノ他組合ノ監督ニ関スル同第七十二条第七十六条第七十八条第八十二条及明治四十一年内務省令第十四号水利組合吏員服務規律等ノ諸規定ヲ参酌考覈スレハ原判決ニ説示シタルカ如ク水利組合ハ国家カ其ノ行政組織中ニ加フル趣旨ニ基キ目的ヲ附与シテ其ノ存立ヲ認メタルモノニシテ此ノ目的タル事業ヲ国家ノ監督ノ下ニ遂行スル公法人ナルコト明白ナリ而シテ組合会議員ハ水利組合法第十八条ニ依リ選挙セラレ同第二十三条第二十四条等所定ノ事務ヲ行フモノナレハ刑法第七条ニ所謂法令ニ依リ公務

ニ従事スル議員ナリト謂フヘシ」（大判昭五・三・一三刑集九・一八〇）。
として水利組合を公法人とし、水利組合会議員を公務員とする。

【26】「郡養蠶組合ハ蠶糸業組合ノ一種ニシテ（蠶糸業組合法第一条、第十七条）、其ノ目的ハ法律ニ依リ斯業ノ改良発達及統制ヲ図ルニ在リト規定セラレ、組合員自身ノ定款ニ依リ任意ニ之ヲ定ムルヲ得サルコト（第二条）、営利事業ヲ禁止セルコト（第四条）、其ノ地域内ノ養蚕業実行組合ヲ以テ法律上当然其ノ組合員トナスコト（第十八条）、販売及過怠金ノ徴収ニ付行政上ノ強制徴収ヲ認メタルコト（第九条）、使用料及手数料ノ徴収ニ付民事訴訟ヲ提起シ得ルコトヲ特ニ規定セルコト（第十条）、国家ノ厳格ナル監督ニ服シ居ルコト（第十二条乃至第十四条、第六条）、特ニ第十三条ニ依リ国家ハ組合ノ決議ノ取消、役員ノ解任ヲ命シ又ハ組合ノ業務ヲ停止シ得ルノ外、組合ヲ解散スルヲ得ルニ至ルマテノ強大ナル監督権ヲ有スル点等ヨリ考察スレハ、組合ハ国家ニ対シテ其ノ事業遂行ノ公法上ノ義務ヲ負担シ一面其ノ組合員ニ対シ公法上ノ権能ヲ有スルモノト謂フヘク、従テ組合ノ事業ハ蚕糸ニ関スル国家ノ公益事務ニ属スルモノナルヲ以テ本件郡養蚕組合ハ其ノ性質上公法人ナリト解スルヲ正当ナリトス。又県養蚕業組合聯合会ノ一種ニシテ（第五十七条）、県内ニ於ケル養蚕業組合ヲ以テ法律上当然ニ其ノ会員ト為スコト（第六十二条第一項）、其ノ目的ハ法律ニ依リ県養蚕業組合聯合会ノ連絡ヲ図リ其ノ共同ノ目的ヲ達成スト規定セルコト（第五十八条）、第六十八条ニ依リ郡養蚕業組合ニ関スル第四条（営利事業ノ禁止）、第十条（使用料及手数料ニ付民事訴訟ヲ提起シ得ル特別規定）、第十二条乃至第十四条、第六条（国家ノ厳格ナル監督規定）等ヲ準用セルコト等ヨリ観察シテ、本件県養蚕業組合聯合会モ亦郡蚕養組合ト均シク公法人ナリト解スルヲ正当ナリトス」（大判昭一三・一二・二二刑集一七・九六二）。
として郡及び県養蚕業組合聯合会を公法人とし、その役員を公務員とする。

これに反し、左記判例は、耕地整理組合は私法人であるとして公文書偽造罪の成立を否定した。

【27】「法人タル組合カ公法人ナルヤ否ヤハ単ニ所論組合ノ強制加入組合費ノ強制徴収及国家ノ監督等ノミヲ標準トシテ之ヲ決スヘキモノニ非ス必スヤ当該組合ヲ規定スル法律ニ就キ其本旨ノ存スル所及ヒ組合ノ目的

トスル事業ノ性質ヲ査覈シテ之ヲ決スルヲ要ス因テ明治四十二年法律第三十号耕地整理法ヲ按スルニ第一条ニ所論ノ如ク規定シテ土地整理ノ意義ヲ明カニシ第三条ニハ「耕地整理ヲ施行セムトスルトキハ設計書ヲ作リ云云数人共同シテ施行セムトスルモノニアリテハ倘規約ヲ作リ地方長官ノ認可ヲ受クヘシ云云」ト規定シ以テ私人カ単独ニ若クハ共同シテ耕地整理ヲ施行シ得ヘキコトヲ明カニシタルニ因リ該整理ノ事業ハ本来国家事務ニ属セサルコトヲ認ムルヲ得ヘシ而シテ第四十一条ニハ「耕地整理ヲ施行スル為メ必要ナルトキハ耕地整理組合ヲ設立スルヲ得」ト規定シタルニ依リ該組合ハ私人事務ニ属スル耕地整理施行ノ必要上設立セラレタルモノニシテ其設立ハ私人カ単独ニ若クハ共同シテ耕地整理ヲ施行スルニ比シ組合組織ニ依リ之ヲ施行スルノ便宜多キコトアルカ為メニ外ナラサレハ耕地整理ノ事業ハ組合ノ設立ニ依リ国家事務ニ変スヘキ謂ハレナシ然モ前示法律ノ規定ノ趣旨ヨリスルモ水利組合ノ如キト異ナリ国家カ其機関トシテ該組合ノ存在ヲ認メタルモノト解シ難キニ依リ当院ニ於テ判示シタル農会及産牛馬組合等ト均シク之ヲ私法人ト為スヲ妥当トス所論北海道土功組合ノ如キハ其目的タル事業カ本来公共事務ニ属スルヲ以テ耕地整理組合ト同一ニ論断スルヲ得ス然レハ原判決ニ於テ前示耕地整理法ニ依リ成立シタル本件成家耕地整理組合若クハ同組合長名義ノ各文書偽造及行使ノ所為ニ付キ刑法第百五十九条第一項第百六十一条第一項ヲ適用シタルハ違法ニ非ス」（大判大五・三・三 刑録二二・三二二）。

但し、大判昭七・七・七民集一一・二二四五は耕地整理組合は公法人であるとしている。

（四） 右の判例にあらわれた公法人の事務はすべて公務であり、従つてその職員は公務員であるとする見解に対しては美濃部博士の傾聴に値する批判がある。博士は、

「法令に依り国又は公共団体の事務に従事する職員は、単に私経済的の労務に従事するに止まる者を除くの外、総て刑法の意義に於ける公務員に該当することを原則とするのであるが、唯或る法人が公法人であるや私法人であるやは、場合に依り必ずしも明白でないのみならず、公法人であることが断定し得られるとしても、公法人中には其の活動範囲が殆ど私法人と同様であつて、公法人の事務でも、性質上私法人の事務と区別すべき理

由なく、刑法第七条の意義に於いての「公務」と認むべからざるものが有り得る。随つて公法人の事務に従事する職員であつても、必ずしも常に刑法の意義に於ける公務員に該当するものと為すを得ない。それは公法人の種類に依つて一様ではなく、公法人でも其の目的とする事務の性質が、私経済的であり、私法人の事務と撰ぶ所なく、特に刑罰を以つて其の威信を保護すべき理由の無いものであれば、其の職員は刑法の意義に於いての公務員に該当しないものと為さねばならぬ。

公法人中地域団体の性質を有する者は、其の公共的性質が明白であり、其の職員が一般に公務員に該当することは疑を容れない所であるが、人的団体たる公共組合に至つては、其の公共的性質が必ずしも濃厚ならず、其の目的とする所は専ら組合員の私の業務に関する共同の利益を増進することに存し、其の事務の性質に於いて私法人の事務と異なることなく、随つて刑法の意義に於いての公務と認むべからざるものが有る。大審院の判例は、苟も公法人である以上は、其の職員は常に公務員であるとすることを例と為し、公法人中公共的性質の顕著ならざるものに付いては、これを私法人であると為し、随つて其の職員は公務員に該当しないものとして居るのであるが、是れは結果に於いては正当に帰するとしても、理論上は正当ではなく、公法人であつても、其の目的とする事務の性質に因り、其の事務が刑法の意義に於いての公務に該当しないものが有り得るのである」（前掲二七頁以下）。

とせられ、前記大審院判例の公法人とした水利組合、北海道土功組合、農会、蚕糸業組合は公共組合中で公共的性質が最も顕著であるから、これら公法人の職員を公務員としたことは正当であるとせられるが、これに反し、耕地整理組合は、公共組合の中でも其の国家的性質が殊に顕著なものの一で強制的な換地処分を行う権力をも与えられており、これを私法人とするのは明白な誤りであるとされる。

（五）　団藤教授も前記郡養蚕業組合に関する判例に対して次の如き批判を加えられる（刑事判例評釈集一巻四八〇頁）。

公法人か私法人の問題は一律に区別し去ることができるものでない、地方団体の如く公法人たること歴然としたものもあるが、私法人との限界に至ればその間に無限のニュアンスがあり甚しく不明確である。そこにおいては一定の法人が公法人なりや私法人なりやは、問題となるそれぞれの法律関係と相対的にのみ考えらるべきであり、すべての関係において一律にその何れかに属すると解すべきではない。本件において一の手懸りを与えるのは重要物産同業組合法（改正大正五年法律一五号）二〇条ノ二が同業組合及び同業組合聯合会の役員について特に賄賂罪の規定を置いてゐること、しかもその刑が刑法の賄賂罪より軽くなつてゐることである。然らば蚕糸業組合法にこの規定がないのは、蚕糸業組合の役員の収賄は問はない趣旨であるか、或は又刑法の規定に依るべきものとする趣旨であるか。ここにおいて始めて、重要物産同業組合と郡養蚕業組合及び県養蚕業組合聯合会との公法的性質の強度の比較が問題とさるべきことになるのである。惟ふに、一方において、重要物産同業組合法中の公法的色彩を有する諸規定（殊に、四条、六条二項、一〇条、一〇条ノ四、一三条、一四条、一五条等）は蚕糸業組合法中にも略ぼこれに対応する規定があると共に（一八条、四条、八条、九条一項、一三条、一二条、三一条、六八条等）他方において、経費、過怠金の強制徴収及びその処分に対する異議申立、訴願、行政訴訟等の規定は蚕糸業組合法においてのみ認められ（同法九条）、重要物産同業組合法中には存しない。かやうにして、私は、郡養蚕業組合及び県養蚕業組合聯合会の方が公法的性質強きものと解し、従つて重要物産同業組合法二〇条ノ二との対照上、その役員の収賄は刑法の適用を受くべきものと考へるのである。

（六）　滝川博士は、右の判決に対し次のように批判せられる。

この判決は蚕糸業の改良、発達、統制をはかる目的とか、営利事業の禁止とか国家の法人に対する厳重な監督というふうに、国家と法人の関係に着眼しているが、この側面から法人の公私を推知することは困難である。——むしろ、公法人と第三者の関係という側面が公法人の特徴を明かにするにつき重要である。換言すれば、法人に公共の事務を委ねるために、法律は国家と第三者の間に認め得るが如き関係を、法人と第三者との間に認めているか否かの点が決定的である。本法九条四項は経費、過怠金の賦課徴収及び滞納処分に関し訴願をなし又は行政訴訟を提起し得ることを定めている。――行政効済――これは法人を公法人と認めた根拠でなければならない（公法雑誌五巻八号九九頁）。

（七）　ところが右の公法人の事務を公務とし、その職員を公務員とする大審院判例の考え方は最高裁判例においては若干反省せられてきたようにみえる。

【28】「原判決は被告人が兵庫県農業会名義を冒用して、判示木炭出荷指図書一通（証一号）を偽造し、情を知らない長谷川利一をしてこれを行使せしめた事実を確定し、これに対し刑法一五五条、同一五八条の公文書偽造、同行使の罪に関する規定を適用したことは所論のとおりである。

そこで、県農業会の作成すべき判示出荷指図書は果して原判示のごとく刑法にいわゆる公文書に該当するかどうかが問題になる。

県農業会の職員が刑法にいわゆる公務員に該当しないことは「経済関係罰則ノ整備ニ関スル法律」二条の規定の趣旨から理解することができる。今同法をみるに、二条は同法所定の「会社若ハ組合又ハ此等ニ準ズルモノニシテ別表乙号ニ掲クルモノノ役員其ノ他ノ職員」について、瀆職罪に関する罰則を規定し、右別表乙号には「二二」として県農業会が掲げられているのであるが、若し県農業会の職員が公務員ならば、刑法の瀆職罪の規定が当然に適用せられるのであつてかかる同罪に関する特則を設ける必要はない。もとより、これらの職員に対して特に法定刑を軽減するの趣旨を以て刑法瀆職罪の規定に対する右のごとき特則が定められたものとは、右「経済関係罰則ノ整備ニ関スル法律」制定の趣旨からして、到底考えられない。さらに、同法一条の規定と対比して見ると、同条は別表甲号に掲げる経済団体の「役員其ノ他ノ職員ハ罰則ノ適用ニ付テハ之ヲ法令ニ依リ公務ニ従事スル職員ト看做ス」旨を規定しているが同二条には、かかる規定は存在しない。すなわち以上各規定の趣旨からみれば、右別表甲号、乙号掲記の経済団体の職員はいずれも本来の意義における公務員ではないのであるが、ただ甲号団体の職員に限つて罰則の適用については公務員とみなされるに過ぎないことがわかる。従つて、本件農業会のごとき乙号掲記の団体の職員は、もとより公務員でなく、又公務員とみなされるものでもなく、ただ同法二条の瀆職罪の規定の適用を受けるに止まるものといふべきである。その他に右県農業会の職員を以て「法令ニ依リ公務ニ従事スル職員」と解すべき何らの法規上の根拠はないのであるから従つて県農業会は、これを公務所と解すべきでなく、その作成すべき出荷指図書のごときは公文書たる性質を有しないものと解すべきである」(最判昭二六・四・二七刑集五・九四七)。

この判決は、農業団体法に定める県農業会名義の木炭出荷指図書は私文書であるとするものである。

右の判決について、注目すべき点は、この判決は県農業会の職員が公務員かどうかを決定するについて、その前提として農業会が公法人であるか又は私法人であるかということを問題とすることなく、又右団体の実質的性格について検討することなく、ひとえに、「経済関係罰則ノ整備ニ関スル法律」第二条の規定を根拠として農業会の職員を刑法七条にいう公務員でないと判断していることである。これは、従来の判例の傾向と本質的に異るものといわねばならない。

この判決に対しては真野判事の左の如き批判がある(警察研究二五巻四号七六頁)。

農業団体法(昭和一八年法律四六号)は、農会法(大正一一年法律四〇号)茶業組合規則を廃止して(同法一〇〇条)、農業関係団体の再編成を目的として制定されたものである。市町村農業会、道府県農業会、全国農業経済会及び中央農業会等の農業団体(同法一条)については、判例がないのであるが、右農会法にもとずく農会については、判例は、公法人なりとし(大判大一二・一二・一三刑集二・九六五、明治三二年法一〇三号にもとずく以前の農会は、明四二・三・一九録一五輯二六八によつて私法人とされていた。)市農会、町農会の議員総代等が同会の役員を選任するのは、公務員としての職務なりとし、総代の選挙投票は公選の投票なりとし選任又は選挙に関し、公選投票に関する賄賂罪又は刑法の賄賂罪の成立を認めている(前記大判大一三、昭二・一二・一大判昭一一・一・三〇刑集一五・三四、昭一一・七・二三刑集一五・一〇〇一)。

農会を公法人であると認める理由としては、判例の示すところは、「【24】の判例と同旨につき省略」というにあつて、水利組合を公法人なりとする判例(大判昭五・三・一三刑集九・一八〇)も略同趣旨の理由を挙げている。農業団体法にもとずく農業団体(本件県農業会を含む)につき直ちに右判例を援用して公法人と為し得るであろうか(原審はこの判例を援用したものと推測される)。農業団体法によれば、農業団体は、法人とし(二条)、行政官庁の監督に服し(三条)、農業に関する国策に即応し、農業の整備発達を図り且つ会員の農業及び経済の発達に必要なる事業を行うことを目的とし(一〇条)、その目的達成のために農業の指導奨励其の他農業の発達に関する施設、農業の統制に関する施設、会員の販売する物の売却又は其の加工に関する施設、会員に必要なる農業用資物の購買又は其の加工若くは生産に関する施設、農業資金の貸付又は農業用設備の利用に関する施設、貯金の受入に関する施設等の事業を行い(一一条)、設立には会員たる資格を有する者の三分の二以上の同意を得て行政官庁の認可を受ける必要があるが(一六条)、成立したときは会員の資格を有するものは総て会員となり(一八条)、会長は総会で推薦した者につき、市町村農業会については、市長村長の意見を徴し地方長官が、道府県農業会については、地方長官の推薦により主務大臣が任命し(二九条)、会員に対し、経費を賦課し、過怠金を課することができ(三一条乃至三二条)、賦課金又は過怠金の滞納については、市町村税の例に依り、その不服申立又は異議の申立は許願及び行政訴訟によることができ(三四条)、行政官庁の認可を受け農業の統制規定を定めることができるし(三九条)、行政官庁は、事業の施行、会則の変更等を命じ(四〇条)、会員及び一定の者に対し、右統制規定に従うことを命じ(四一条)、会長、副会長、理事、監事、評議員の解任権を持ち(四六条)、決議の取消、業務の停止又は解散を命ずることができるし（四七条）、所得税、法人税及び営業税を課せられない（四八条）。なお、行政官庁は地方農業会を設立する為必要があるときは設立委員を命ずる（八七条）、この場合には、道府県農業会については、郡又は道府県を区域又は地区とする農会、茶業組合、茶業組合聯合会議所（大判大四・一〇・一九録二一輯一六五七は私法人とする）、畜産組合（大判昭四・八・二七刑集八・四二七、昭五・四・七民集九・三四七は公法人とする）、畜産組合聯合会、産業組合聯合会、養蚕業組合聯合会等の法人に対し、市町村農業会については、市長村を区域又は地区とする農会、産業組合の法人に対し解散を命じ（八八条）、農業会が成立したときは、右解散を命ぜられた法人を組織する者は総て会員となる（九〇条）旨が、それぞれ定められ、全国的規模の農業団体たる全国農業経済会、中央農業会については、それぞれその性質に応じ地方農業会に関する規定が準用されている、以上の規定を総合してみると、判例が農会を公法人であると認めている法人の性格とこれを裏付ける各種の規定は、すべて、地方農業会についても定められているし、農業に関する統制の権限と統制規定に関する事項については、農会よりも更に一層公共的色彩が強いともいえるのである。従つて、右判例を援用し、これに準拠するならば、農業団体は公法人と認めざるを得ないであろう。そして、その結果農業団体の役職員は公務員となり、その作るべき文書は公文書となり、刑法瀆職罪の適用もあるということになるであろう。

しかるに、農業団体法は、七一条に「農業団体ノ会長、理事長、副会長、理事、監事、清算人若ハ使用人又ハ第四十五条（第五十七条及第六十六条ニ於テ準用スル場合ヲ含ム以下同ジ）ノ規定ニ依ル会長若ハ理事長ノ職務ヲ行フ者其ノ職務ニ関シ賄賂ヲ収受シ又ハ之ヲ要求シ若ハ約束シタルトキハ二年以下ノ懲役ニ処ス因テ不正ノ行為ヲ為シ又ハ相当ノ行為ヲ為サザルトキハ五年以下ノ懲役ニ処ス、前項ノ場合ニ於テ収受シタル賄賂ハ之ヲ没収ス若シ其ノ全部又ハ一部ヲ没収スルコト能ハサルトキハ其ノ価額ヲ追徴ス。」七二条に、「前条第一項ノ者ニ対シ賄賂ヲ交付シ又ハ之ヲ提供シ若ハ約束シタル者ハ二年以下ノ懲役又ハ五百円以下ノ罰金ニ処ス前項ノ罪ヲ犯シタル者自首シタルトキハ其ノ刑ヲ減軽シ又ハ免除スルコトヲ得」と定め、刑法と異なつた特別の賄賂罪の規定を置いているのである。この規定があるところから考えると立法者は、前記判例と見解を異にし、農業団体を私法人と考えたものというべきである。なお、特に一般の公務員に比し、特に刑罰を減軽する趣旨であるとの見解も一応立てられるけれども、このような考え方が正当でないことは判旨も説明しているところである。そしてこの判例を正当にあらずとし、農業団体の役職員を公務員と見なかつた考え方に、本件の問題の結論を正当とする理由があるのであり、判旨は、「経済関係罰則ノ整備ニ関スル法律」一条、二条の中に、立法者の意図を理解しこれを正当として認容したのである。しかし、更に一歩を歩め、前記判例を採用できない実質的な理由が探究されなければならないことは当然であろう。

前記判例が、法人の目的たる事業が国家の事務に属すれば公法人であるとするが、国家の事務に属するためには、単にその事業が国家的に重要性があり、公益的又は公共的色彩が強いというだけでは不十分であろう。又、国家の特別な監督に服し、その事業の遂行義務を国家に対し負担するということもそれが直ちに国家の事務であるということにはならないと思われる。日本銀行その他の営団や金庫、南満州鉄道株式会社その他多数の国策会社が、国家的に重要な公共的色彩の強い事業を行い、国家の特別な監督に服して事業遂行の義務を負つていても、これをもつて直ちに国家の事務と見ることはできないであろう。これらの営団、金庫、国策会社は、国家の特別の法令によつて設立されたものであるにかかわらず、国家とは別個の存在としてその事業を遂行する意図目的をもつて設立されたものであつて、国家行政組織の一部と見ることは到底できない。農会や農業団体の事業が国家的に重要性があり、公共的色彩の強いことは、前掲の判例や農業団体法の規定によつて窺われるが、営団、金庫、国策会社以上に強いものとは到底考えられないし、農会法や農業団体法によつて、国家とは別個の法人として設立されたものであることが明らかであるから、法人設立の趣旨自体の中には、これを国家行政組織の一部とすることが予定されていないことはいうまでもない。前記判例が農会の目的をもつて国家の公益事務とし、国家の事務に属すると判示したことは、営団、金庫、国策会社等に関する特別法令と対照してみると行き過ぎであると思われるのである。次に判例が根拠として援用する決議の取消、役員等の解任、改選、事業の停止、解散に関する国家の権限は国家の監督方法の一態様であつて、営団、金庫、国策会社、各種組合にも見られるところであつて、このことから、その事業が国家の義務となるものとも解し難い。又会員の強制加入や免税等の国家の保護も各種組合について認められ、これからも国家の事務であることを認めることはできない。最も問題となるものは、経費又は過怠金の滞納につき市町村税の例により滞納処分が行われること及びこれに関する争が行政裁判所で解決される点であるが、これも、蚕糸業組合法（昭和六年法律二四号）、商工経済会法(昭和一八年法律五二号)、商工組合法(昭和一八年法律五三号)、水産業団体法（昭和一八年法律四七号）、酒類業団体法（明治三八年法律八号）、馬匹組合法(大正四年法律一号)、自動車交通事業法（昭和六年法律五二号）等にそれぞれ類似の規定があり、判例のように、これを組合員に対する特別の公法上の権能と解しても、これは、国家が法人の保護のために与えたものにすぎないのであつて、このことから、目的たる事業を国家の事務とすることはできないであろう。これを要するに、判例の考え方を採る限り、国家の監督を受け、国策に協力して公共的な事業を行い、国家の保護、助成を受ける者は、国家の事務を行うものとして公法人と認めなければならなくなり、公法人の範囲が余りにも広くなりすぎるのである。換言すれば、国家の監督、保護、助成を受け、公共的色彩を持つ事業をするものと雖も、私法人と解し得るのであつて、多少の公法上の権能を与えられたとしても、この権能のあることによつて、当該法人の性格が全面的に公法人となるものとも解し難いのである。即ち国家の監督、保護、助成の濃淡は当該法人の公共的色彩の濃淡に関係することだけであつて、それだけで直ちに、当該法人を公法人とするものではないと解すべきである。地方農業会は前述のように、その区域内にある農会、茶業組合、茶業組合会議所、畜産組合、畜産組合聯合会、産業組合、産業組合連合会、養蚕業組合、養蚕業組合連合会等の法人を整理統合して、これらの法人の従来の事業を承継発展させることを目的とすることは前述の目的事業に関する規定（一一条等）等によつて明らかであり、水産業団体、商工組合、酒類業団体等他の同種団体に比較して格別に公共性が強いとも考えられないのである。又戦時中の経済統制の高度化に伴い、農業団体、水産業団体、商工組合、営団、金庫、国策会社等が、国家総動員法、「輸出輸入品等ニ関スル臨時措置ニ関スル法律」にもとずく統制法令によつて、国家の為す統制に協力すべき義務を負うようになり、従前に比してその事務の重要性を増加したことはあるが、国家の為す統制事務は公務であることは当然であるが、統制法令にもとづく国家に対する義務又は国家に対する協力は受命者としての義務であるから、統制事務に携わることによつて、右各法人が国家の事務を行うものと解することもできないであろう。以上のように、地方農業会はその目的性格からみて、公法人でなく私法人であると解し得るならば、農業会の役職員は公務員でなくその作るべき文書は公文書でなく私文書であることは当然であつて、判旨の結論を裏付けるに足る実質的な理理となし得るのである。「経済関係罰則ノ整備ニ関スル法律」（昭和一九年法律四号）は、経済団体のそれぞれの性質職能に鑑み、瀆職に関する処罰規定を適当に整備統一すると共に刑の加重をも行い、経営会社及び代行機関の瀆職行為に付処罰規定を新設し（一条乃至五条、七条）、これに伴う関係法律の条文の整理を行つたもので（第八四帝国議会における司法大臣の提案理由参照）、統制会、営団、金庫等を第一条団体として、その役職員を罰則の適用について公務員と看做して取扱い、特別法令によつて設立された国策会社、経済統制法令によつて統制関係事務に従事する会社、組合等を二条団体とし、これらの団体の役職員については、その収賄につき懲役三年（不正行為等があつたときは七年）（二条）、事前収賄事後収賄につき懲役二年（三条）、贈賄につき三年以下の懲役又は五千円以下の罰金（五条）、を定め、特別の規定を置いたのである。そして、これらの規定の趣旨は、一条、二条の各経済団体がいずれも、本来公法人でなく、従つて、その役職員は公務員でないことを前提としていることは、判旨が詳細に説明しているとおりである。前述した農業団体法七一条及び七二条の瀆職規定は、同法二六条によつて削除され、これに代えて、農業団体が二条にもとづく勅令（昭和十九年二六八号）で五八号をもつて指定され、爾後、農業団体役職員の瀆職罪は、他の国策会社、各種組合と共に、右法律二条乃至五条の規定によつて律せられることになつたのである（同法律は昭和二二年の大改正を含めて、数次改正され、農業団体は別表乙号二二となつている）。なお、農業団体法は、農業協同組合法（昭和二二年法律一三二号）の施行に伴い失効し、農業団体は「農業協同組合法の制定に伴う整理等に関する法律」（同年法律一三三号）によつて、順次農業協同組合に戦後の再編成が行われ、農業協同組合は、農業団体の統制的、公共的色彩をとり去り、私法人たることが明らかであるから、本件の問題は現在の農業協同組合については発生の余地がないものと考えられる」。

（七）　更に次の判例は

【29】　「被告人が公務員の身分をもつものと解した原判断にあやまりはないのである。すなわち、本件当時における特別調達庁は、特別調達庁法（昭和二二年法律七八号）にもとづいて設立された法人で、内閣総理大臣の監督の下に、経済安定本部総務長官の定める基本的方策に基き主務大臣の定める計画、指示に従い、連合国又は政府の需要する建造物・設備の営繕ならびに物資・役務の調達に関する業務で主務大臣の指定するものを行うことを目的とするものであつた（同法一条）。同法一四条は、同庁の「役員」「職員」を官吏その他の政府職員とし、「役員」のうち「総裁」は各省次官と同級又は同格、その他「役員」は一級又はこれと同格とし、「職員」は一級・二級・三級又はこれらと同格としている。そして、同法一六条は、同庁は業務開始にあたり業務の方法を定めて経済安定本部総務長官の認可を受けるべきこと、その変更についても同様認可を要することを定めているのであるが、右規定にもとづいて制定された特別調達庁制三〇条（昭和二三年七月一日の改正で三二条となる）は、「本庁に職員の外に雇員及び傭人を置く。」と定めている。被告人は、この規定にもとづ

いて任用された同庁福岡支局の雇員なのであるから、特別調達庁法一四条にいう「役員」「職員」にあたらないことはあきらかである」（最判昭三〇・一二・三刑集一三・二五九六）。

と判示して法人たる特別調達庁の職員の公務員性を認めている。この判決においては、特別調達庁が法人であることは認めているが、それが公法人であるか否かを問題とせずに、その目的機構にてらして、国の行政機関に準ずるものと認められるということを強調した上、その事務は刑法七条にいう公務にあたるものと判断し、その職員を公務員と認めているのである。この点について戸田調査官は次の如くに解説する。

「本件は、法人時代の特別調達庁に関する。そして本決定は、その事務は刑法七条にいう「公務」とは、国の事務、またはこれに準ずる公共団体の事務――刑法がこれに従事するものを公務員として規制するにふさわしい性質・内容をもつもの、を意味すると考えるべきであろう。公共団体＝公法人（公の法人）と呼ばれるものにも、その公共的性質にはさまざまな濃淡の別があるから、公共団体＝公法人の概念にはいるからといって、ただちにその事務が刑法にいう「公務」にあたるものとすることはできず、個々の場合について、前記の意味で「公務」といえるかどうかを検討すべきものとおもわれる（日本国有鉄道法三四条などのように、「公務」に従事するものとみなしている場合は、この問題を生じない）。しかし本件当時における特別調達庁は、法人（むろん公法人の概念にはいる）であるが、本決定の判示するように、まつたく国の行政機関に準ずる性格のものとみられるから、その事務を「公務」と考えることについては、おそらく異論があるまい」（法曹時報八巻二号一一五頁）。

右の解説によると、前記最判は、従来の大審院判例と異つて公法人であれば、その職員は直ちに公務員であるとの考えを採ることなく、公法人中刑法七条にいう公務を行う公法人、換言すれば「国の行政機関に準ずるもの」の職員のみを公務員と認めようとしているものと推測して差支ないようである。これは従来の判例に対する原理的な大変革であるといわねばならない。

（八）　従来の判例通説の立場においては、公務かどうかということは、事務の主体が公法人であるかどうかによつて決定せられ、従つて公務とは公法人の事務をいうとされてきたのである。そして公法人の事務（公務）を行う職員を公務員であるとした。

しかし、刑法七条は決して公法人（公共組合）の職員を公務員とするとは規定していない。にもかかわらず何故、かかる公法人の職員が公務員とされてきたのであろうか。旧刑法は初め現行刑法七条の如き公務員に関する意義を明らかにした規定を設けず、公務員に関する犯罪はただ官吏に関するもののみに限定した。その後明治二三年法律一〇〇号によつて公吏を官吏に準ずる旨の規定を設けた。そして、明治三四年刑法改正案においては既に現行刑法七条と同じ規定がおかれることとなつたが、その理由書によると、

「現行法ハ官吏又ハ官署ニ関シテ規定ヲ設ケ又之ヲ補ハンカ為メ明二三年法律第一〇〇号ヲ以テ公吏、公署ハ之ヲ官吏、官署ニ準用スルコトヲ規定スト雖モ此他猶ホ国家ノ事務ニ従事セル職員少ナカラス而シテ此等ノ職員ハ刑法上現時ハ之ヲ一私人ト看做スノ不便アリ然レトモ亦此等ノ職員ノ種類ニ至リテハ職員、委員等名称甚タ多ク一々之ヲ列挙スルハ到底為シ得可カラサルコトナリ而シテ現時此等ノ職員、公衙ニ対シテハ官吏、公吏、官署、公署ニ関スル規定ヲ適用ス可キ必要甚タ切ナリ此ヲ以テ本条ニ於テ新ニ公務員及ヒ公務所ナル語ヲ設ケ官吏、公吏、法令ニ依リ公務ニ従事スル職員ヲ公務員トシ此等ノ者ノ職務ヲ行フ所ヲ公務所トシ以テ汎テ国家ノ公務ニ従事スル職員、公衙ニ関スル規定ヲ設ケルノ必要ヲ充タシ且其名称ヲ簡ニシタルモノナリ」

として、国家の公務という言葉を用い、一見公務とは国家の事務のみを指し、他の公共組合の事務の如きは含まないかとの疑も生じ得るのであるが、国会の審議においては政府委員は穂積八束博士の質問に対し「色々な経済上の組合、信用組合の役員もあれば水利組合の役員もあるし、色々な組合もあります、すべて皆法令によつて事業に就いているのである」旨を答弁しており（刑沿革綜覧三六一頁）、既に公共組合の如き公法人の事務を公務と解していたようである。そして現行刑法草案理由書によれば、

「現行法ハ官吏及ヒ官署ノミニ関スル規定ヲ設ケタルヲ以テ明治二十三年法律第百号ヲ以テ公吏及ヒ公署ハ刑法上之ヲ官吏及ヒ官署ト同視スル旨ヲ規定シ其欠点ヲ被綴シタリト雖モ其他ノ職員ニシテ刑法上之ヲ官吏ト同視ス可キ者敢テ尠シトセス然レトモ此等ノ職員ノ種類ニ至リテハ其数極メテ多ク一々之ヲ列挙スル繁ニ堪ヘス故ニ本条ニ於テ新ニ公務員及ヒ公務所ナル語ヲ設ケ官吏、公吏、法令ニ依リテ公務ニ従事スル議員、委員其他ノ職員ヲ公務員ト指称シ此等ノ者ノ職務ヲ行フ所ヲ公務所ト指称シ以テ汎ク公務ニ従事スル職員及ヒ公衙ニ共通スル規定ヲ設クルノ便宜ヲ計リタリ」（刑法沿革綜覧二一二五頁）とされている。

ここにおいては最早「国家の事務」というような疑の余地のある用語は避けられているのである。なお、独逸刑法三五九条は公務員の定義として、「本法において官吏とは、直接又は間接に内国の国家勤務において終身の間、期間をもつて、又は単に臨時的にのみ任用されたすべての者をいい、服務上の宣誓を為したと否とを区別しない」としているのであるが、同国の判例及び学説はひとしく、この官吏の中に、公法人の職員を含ませていたのである。それはかかる公法人は国家に従属し国家の事務を行うものであるとする行政法上の理論をそのまま刑法の解釈に導入した結果であろうと推測される。そしてこの独逸の通説判例がそのままわが国の立法及び学説判例にも影響を及ぼしたものであろう。

刑法七条にいう公務員は、瀆職罪、公務執行妨害罪、公文書偽造罪等の犯罪構成要件の一要素を組成する意義を有するものである限り、その概念を決定するためには、これらの犯罪の成否を決するという見地を離れては考えられず、従つてその保護法益とか可罰的違法性との関連において判断せらるべきは当然である。従つて、理論的にいえば、公法学説上公法人が国家に服属し、国家の事務を行うということから直ちにその職員を公務員としてよいと結論され得るものではない。刑法上の公務員の概念は刑法独自の世界の評価に即して決せらるべきである。

周知のように、最近の学説においては、公法人と私法人との区別を認めることは法律上無意味であるとされ（我妻・民法総則九九頁以下、宮沢・「公法人と私法人の異同」公法研究一一巻六号二三頁、川島・「営団の性質について」法律時報一三巻九号八頁）更に進んで「単に無用なるのみならず、実際上有害である」とする説さえある（末弘・「公法人と私法人との区別」法律時報一三巻八・九・一〇号時に一〇号五七頁）。そしてかような考えは行きすぎであるとの非難を免れ難いとする者も

「従来の判例学説においては、公法人と私法人との区別を絶対視し、その何れなるかによつて、一切の法律関係の性質を決定しようとしたのは、確かに誤で、公法人と私法人との区別で認められるといつても、それは、公法的色彩の濃淡による相対的な区別にすぎないから、法律関係の性質及びそれへの適用法規を決定するに当つては、個々具体的な法律関係について法規全体の趣旨に鑑みて判断をなし、これへの適用法規如何を考察しなければならない」とされるのである（田中・行政法中一一六頁）。

かように、公法人学説が公法学上動揺をきたし、更に公務員概念が犯罪構成要件上の規範的概念であることが強く意識せられてくると、たとえ、立法者の意思がどうであつたにしても、単に公法人であるという理由だけでその職員を公務員とすることには反省を加えざるを得なくなるのは当然であり、

むしろ公法人とせられるものの実質的性格の吟味に重点を置かざるを得なくなるであろう。そして、この傾向に決定的な踏切りを与えたのは「経済関係罰則ノ整備ニ関スル法律」の規定であった。同法は別表乙号に掲げる法人等の職員について収賄罪の特別規定を設けているのであるが、その法人の職員は本来刑法七条の公務員であるにも拘らず、贈収賄罪について特に軽い刑を定めたものとみるべきではなく、むしろそれらの者が公務員に該当しないところから特別の規定を設けたとみるのが正当である（前記【28】の判例参照）。ところで、同法乙号に掲げられている法人中には従来の見解に従えば、公法人と認むべきものが存在することは否定できない。そうしてみると、わが実定法は、必ずしも公法人の職員をすべて公務員として取扱おうとするものでなく、その内の一部、換言すれば、特に国家機関に準ずべきもののみの職員を公務員としているものと解することができるのではあるまいか。

では、如何なる基準によつて国家機関に準ずる法人かどうかを決定すべきであろうか。甚だ困難な問題であるが、法人の行う事務の公益的公共的性質とか法人成立の沿革とか、事務執行上における公法的色彩の強さ殊に業務の運営に対する国家意思の支配力の強さ、更に法人とその職員との間の特別権力関係的地位等の法人の実体に着目すると共に、他面、「経済関係罰則ノ整備ニ関スル法律」別表乙号に掲げられた法人との比較によつて具体的に決する外はないと思われる。

（九） なお、ここで経済関係罰則ノ整備ニ関スル法律一条は別表甲号に掲ぐるものの役員等は罰則の適用についてはこれを法令に依り公務に従事する職員と看做していることその他、日本国有鉄道、日本専売公社、日本電信電話公社の役職員を公務員と看做す規定（日本国有鉄道法三四条一項、日本専売公社法一八条一項、日本電信電話公社法三五条一八条）を置いていることが問題となる。これらの規定は、法人の準国家機関性の決定の基準としては如何に考えるべきであろうか。これらの規定によつて公務員と看做された法人の職員は本来の、刑法七条にいう「法令ニ依リ公務ニ従事スル職員」ではないから、特に法が規定を設けて公務員と看做したとみるべきか、又は本来刑法七条にいう公務員に該当するものであるが、疑を避けるために特にかような規定を設けたにすぎないものであろうか。若し前者であれば、法人の準国家機関性決定については、これらの法人を基準としてこれに匹敵する程度の実質を具えるに過ぎない法人は、特別の規定のない限り、準国家機関性を肯認すべきではなく、従つてその職員は公務員ということを得ないであろう。これに反し、若し後者であるとすれば、これらの法人に匹敵する法人の職員は当然に公務員とせらるべきこととなる。疑問の余地はあるが、法がその職員を公務員と看做す旨の規定を置いた場合にも、必ずしもその理由は同じでなく、前述の二つの場合があり得ると思われるので、これらの規定は一律に公務員性決定の基準とはなり得ないのではなかろうかと思う。

（一〇）　次に右の基準に従つて、ある法人が国家機関に準ずべきものと決定した場合には、その事務は原則的にこれを公務と認むべきである。ある事務が公務かどうかは、その主体を離れて決定することは困難である。刑法七条にいう公務とは正に国家又はこれに準ずるものの事務を指称するものであつて、単なる公共的又は公益的事務という趣旨ではないと思う。即ち、ある事務が公務であるかどうかは、事務自体の客観的性格のみからは判断され得ないのである。又今日の福祉国家の下においては権力作用でなくても公務といい得るであろう。

（一一）　なお、ある説に依れば、同じ公法人の職員の中でも、特に権力的事務に従事する者のみを公務員とし非権力的事務を担当する者は公務員でないとするものがある。これも一個の見解といい得るが、しかし権力的作用のみを公務と解することは、現代の福祉国家の下においては狭きにすぎる観があるばかりでなく、一個の法人の事務は、その内部においては各種の事務に分かれており、従つてその一部をみれば公務的色彩に乏しいものもあるであろうが、それらは他の事務と有機的に綜合せられて統一的な機能を発揮するものであるから、部分的性格のみに把われてこれを公務でないとすることには賛成できない。矢張り法人の事務全般を眺めてその準国家機関性を判定し、これが肯定せられる限りその全事務を公務とする外はないように思われる。(但し、後述の六の(九)参照)。

なお、次の判決は、公法上の法人たる日本国有鉄道の性格を明らかにするものであるから参考に掲げておく。

【30】「そこで国鉄の法律的性質を考えて見ると、国鉄は、従前純然たる国家の行政機関によつて運営せられてきた鉄道その他の事業を経営し、能率的な運営によりこれを発展せしめ、もつて公共の福祉を増進することを目的として(国鉄法一条)設立せられた公法人の法人(同二条)であつて、一般の行政機関とは異なり国家に対し自主性を有する点もあるが、その資本金は全額政府の出資にかかり、その公共性は極めて高度のものであるから、国家はこれに対してかなり広汎な統制権を保有している。すなわち国家は運輸大臣の監督下におかれ(国家法五二条)、その業務運営は内閣の任命する監理委員会の指導統制に服し(同九条以下)、その総裁は内閣が任命し(同二〇条)、その予算は運輸大臣及び大蔵大臣の検討及び調整を経て国会に提出され、国の予算の議決の例によつて国会において議決され(同三九条以下)、会計は会計検査院が検査する(同五〇条)のである。

国鉄の職員も、国鉄法の施行と共に、運輸省職員として国家に対し特別権力関係に立つていた従来の地位をある程度脱却し、国鉄と私法関係に立つに至つた点があるとはいえ、なおその身分は一般の営利会社の職員と全く同様のものとなつたのではなく、職員は法令により公務に従事する者とみなされ(国鉄法三四条一項)、職務の遂行については誠実に法令、業務規定に従い、全力をあげて職務の遂行に専念しなければならない（同三二条）旨、国家公務員と同様の規定がおかれ、一定の事由があるときはその意に反して降職、免職、休職にされ（同二九条、三〇条）、一定の事由があるときは懲戒処分を受ける（同三一条）等公務員的性格を保有し、また恩給法の関係においては恩給法上の文官とみなされ（この場合国鉄は行政廳とみなされる）（同五六条）、国家公務員共済組合法、健康保険法、国家公務員災害補償法、失業保険法等の関係においては国に使用され、国庫から報酬を受けるものとみなされる（同五七―六二条）。更に公共企業体労働関係法（一七条）によれば国鉄職員は一切の争議行為を禁止される。このように国鉄職員の身分は一方において私法的側面を有すると同時に、なお種々の点において公務員的取扱いを受け、従って公法的側面を有するのである。（このことは前記のような国鉄の高度の公共性とその大部分の職員が国家公務員から移行して来たものであるという経過を顧みればむしろ自然のことでもある。）」（最判昭二九・九・一五民集八・一六〇六）。

六　職員の意義

（一）　判例によれば、刑法七条にいう職員とは、国又は公共団体の機関として公務に従事する者をいうとされる。

【31】　「法令ニ依リ国家又ハ公共団体ノ機関トシテ公務ニ従事スル者ハ任命嘱託選挙其他何レノ方法ニ依ルヲ問ハス又法令ノ明文上特ニ其職務権限ノ定アルト否トヲ問ハス刑法第七条ニ所謂法令ニ依リ公務ニ従事スル職員ニ該当シ公務員ト称スルヲ妨ケサルモノトス技生ハ明治三十年海軍省達第五十二号雇員傭人規則第一条第二条ニ依リ任用セラルモノナレハ其就職ハ法令ニ根拠ヲ有スルモノト云フヘク又技生ハ海軍技手ノ指揮ノ下ニ建築及土木工事ノ設計現場監督補助ヲ為スヘキモノニシテ大正五年三月三十一日海軍省達第三十九号海軍各庁処務通則第四条第一項同第三十五条ノ規定ニ基ク所属庁長ノ命ニ依リ其職務ヲ担任スルモノト解スヘキヲ以テ仮令其職務権限カ特ニ法令ニ明定セラルルコトナシトスルモ公務員ナリト云ハサルヘカラスシテ彼ノ職工人夫

厨夫給仕等ノ如キ各種ノ雑役ニ従事スルノミニテ国家又ハ公共団体ノ機関トシテ公務ニ従事スルコトナキ者トハ其趣ヲ異ニシテ之ト同一ニ論スルヲ得ス」（大判大一二・七・二 二刑集一・三九七）。

【32】「刑法上公務員とは、官吏公吏法令により公務に従事する議員委員その他の職員をいうのであるが（刑法第七条）、これを具体的にいえば、国家または公共団体の機関として公務に従事しその公務従事の関係は任命嘱託選挙等その方法を問わないが、その公務に従事することが法令に根拠を有するものをいうのである」（最判昭二五・一〇・二〇刑集四・二一一五）。

（二）ところで、ここにいう機関とは如何なるものを指すのであろうか。右の【31】の判決によれば、職工、人夫、厨夫、給仕等の如き各種の雑役に従事する者、即ち単純な機械的肉体的労務に従事する者は機関ではないというのである。この考え方は「単ナル機械的事務ヲ取扱フニ過キサル所論小使給仕人夫等ト同一視スヘカラサルコト職務ノ性質上当然ナルノミナラス」（大判昭一二・五・一〇刑集一六・七一七）とし、又「被告人の担当事務は単純な機械的肉体的の労働ではなく、普通に所謂精神的労務に属する一般事務と見るべきであるから仕事の性質から見て公務員でないということは当を得ない」（最判昭二五・二・二八刑集四・二七二）とか又前記【29】の判決が「法令に依り公務に従事する職員とは、公務に従事する職員で、その公務に従事することが法令の根拠にもとづくものを意味し、単純な機械的肉体的労務に従事するものはこれに含まれないけれども」というような判示にもあらわれている。

なお職員に当らない事例として判例上有名なものに左記の郵便集配人に関するものがある。

【33】「刑法ニ所謂公務員ハ法令ニ依リ公務ニ従事スル職員ヲ云フモノナルヲ以テ仮令法令ニ依リ公務ニ従事スルモノト雖トモ職員ト称スルヲ得サルモノハ公務員ニアラス郵便電信及電話官署ニ於ケル現業傭人ノ如キハ官制職制又ハ其他ノ法令上職員ト称スルモノトハ其撰ヲ異ニシ職工人夫等ト何等択フ所ナキコト郵便電信及

電話官署現業傭人現程ノ趣旨ニ徴シ明瞭ニシテ之ヲ職員ト称スルヲ得サルモノトス従テ現業傭人タル集配人ハ該規程ニ依リ公務ニ従事スルモノナリト雖モ未タ以テ職員ト云フヲ得サルカ故ニ集配人ニ対シ暴行ヲ為シテ以テ其公務ノ執行ヲ妨害スルトキハ刑法第二百三十四条ニ依リ業務妨害ヲ構成スルモ同第九十五条ノ犯罪タル公務執行妨害罪ヲ構成セス然ルニ原判決ハ郵便配達ニ従事中ナル本件集配人ニ対シ暴行ヲ為シテ其公務執行ヲ妨害シタル所為ニ対シ同条ヲ適用処断シタルハ擬律錯誤ノ違法アル者ニシテ原判決ハ之レカ為メ全部破毀ヲ免レス」（大判大八・四・二 刑録二五・三七五）。

これに反して、左記判決は郵便集配人の公務員であることを認める。

【34】　一　郵便集配人（郵便事務員）たる資格の公務員性

(一)　郵便集配人なる職名は民事訴訟法第百六十二条第二項、刑事訴訟法第五十四条の規定に由来する（旧民訴法第一三六条は郵便配達人と称していた）もので郵政関係法規上の郵便外務職又は雇員たる身分をもつ事務員と呼称するものである。その根拠は郵政省設置法第十三条第八項に基く昭和二十五年二月一日郵政大臣公達第九号郵便局組織規程第一条別表第一、同法第十二条第四項に基く昭和二十四年九月五日郵政大臣公達第三十九号郵政省職務規程第二条、第六条、第七条第二号、遞信部内雇員規程第三条但書及び昭和二十二年三月十八日郵政大臣公達第五十一号第三条附則第三項別表二等である。

(二)　郵便集配人は国家公務員法第五十五条第二項及び郵政省設置法第二十七条、第四条第五号、第十二条第一項第四項に基く郵政省職務規程（昭和二四年九月五日郵政大臣公達第三九号）第七条第二号別表第一（任命権の委任区分）により郵政大臣より郵便局長（但し特定郵便局長を除く）への任命権の委任に基き同郵便局長によつて任命される国家公務員であり、行政機関職員定員法第二条、第三条に基く郵政省令第十七号（昭和二四年九月二四日）郵政省職員定数規程の定める職員中に含まれる一般職の職員である。

二　郵便集配人たる資格の発生原因の公務員性

雇員たる事務員即ち郵便集配人に就職するには前示郵便局組織規程第一条別表第一、郵政省職務規程第二条、

第六条、第七条第二号により郵政大臣より委任された郵便局長の任命行為に因るのである。即ち普通局の場合には郵便局長が「事務員を命ずる郵便課（大郵便局では集配課）勤務を命ずる」旨の辞令を発すると共に局長の委任に基き郵便課（前同）の長の配達取集に関する事務担当の命令即ち服務指定簿にいわゆる「外務担当を命ずる」旨の命令（大郵便局では「配達係外務担当を命ずる」ことがあるが、この場合両係互に補助し合うことを併せて命令する（遞信部内雇員規程第三条但書））によつて最下級の郵便外務職という担当職務（郵便物の取集配達に関する事務）が確定するのである。

三　郵便集配人の職務内容と公務員性

㈠　郵便外務職とは郵政人事管理の上において郵便物の取集配達関係の担当職を包括した呼称であつて、外務主事、外務主任及び平外務員の三級に分れている。而して平外務員は上司の一般的監督の下に郵便物の取集配達に関する事務を行うことを職務の内容とし郵政事務官又は事務員がこの事務に就く。外務主任の職務内容は、上司の一般的監督の下に郵便物の取集配達等に関する外務事務の仕事の割当、平外務員のその職務に対する技術的指導、点検等を行うものであり、外務主事の職務内容は上司の一般的監督の下に郵便物の引受区分集配等の現業事務の全般を監督する郵政現業管理職、郵便課長（集配課長）を補佐して、郵便物の取集、配達等の外部事務全般を監督して総合的運営をはかり又は郵便物の取集、配達等に関する下級郵便外務職の行う事務の監督、調整事務を行うにある。而して右外務主任、外務主事には郵政事務官が就任するのである。本件常村は配達係外務担当の平外務員であり郵便外務職たる事務員である。

㈡　郵便外務職たる事務員の職務内容は叙上の如くであるが、殊に郵便法第六十六条の特別送達の規定及びこれに基く郵便取扱規程（昭和二十六年五月十二日郵政大臣公達第七〇号）第百四十七条以下の諸規定並にこれに対応する民事訴訟法第百六十二条以下、刑事訴訟法第五十四条の送達に関する規定を綜合検討するときは郵便集配人の職務内容は相当法律的判断を要する労務換言すれば、いわゆる精神的智能判断を要する事務であつて単純な機械的肉体的労務に止まるものでないことが判るのである。而してこのことは左の諸点に想倒するとき一層明瞭となる。即ち㈠郵便法第六十六条に基く前示郵便取扱規程はその第百四十八条以下において特別送達郵便物の配達をなすに当つては「配達を受ける者」及び「配達する場所の鑑別特定（第一四八条）及び配達を受ける者の受取拒絶につき「正当の事由の有無」（第一四九条）等の認定につき相当の法律的精神的智能的判断を要する規定が存在し、また㈡民事訴訟法第百六十二条以下の規定によれば右特別送達郵便物の送達実施機関として執行吏と並んで郵便集配人を挙げ、これを送達をなすべき吏員としており（第一六二条）かつ、送達証明義務者としており（第一七一条）、さらにまた補充送達差置送達（第一七〇条）において事務員雇人同居者、それ以外の者との識別、事由を弁識するに足る知能を有する者なりや否やの認定能力を要求されており、書類の交付を受けるべき者の受取拒否につき正当事由の有無認定能力を要求されている点等を綜合するときは郵便集配人は相当の法律的精神的智能的判断を要する職務を有するものといわなければならない。つとに大審院は執行吏、執行吏代理を公務員と認めている。（明治四四年一二月八日判決等）その送達に関する職務内容と郵便集配人のそれには何等異るところはない。従つて判示常村は郵便集配人たる公務員といわなければならない。

四　叙上の趣旨に反する大審院判例の本件に妥当せざる理由

大審院は大正八年四月二日郵便電信及び電話官署に於ける現業傭人は官制職制又は其の他の法令上職員と称するを得ざるものとすと判示しているが、この判例は現代官、職制上当然変更さるべきものであり、本件にも妥当せざるものと解するその理由は、大正八年当時においては郵便集配人の職務については旧民事訴訟法第百三十六条以下において郵便配達人として規定する外他に規定する法律なく逓信省令等も整備されておらず、殊に郵便電信及び電話官署現業傭人規程（明治四〇年公達第七八六号）において郵便配達人を集配手として現業傭人の中に含め馬丁、使丁、職工、人夫と同列においていた当時の判例であつて当時は妥当であつたかも知れないが、前示四の如き職務内容を見落していたといわれても反論はなかつた筈である。今日前示二乃至四の如き郵政法規その他の法規において郵便集配人の地位職務内容権限等徴細に整備規制され公務員性を睽然たらしめているのであるから当然右判例は変更さるべきであり、かつ本件常村の場合には妥当しないのである。すでに最高裁判所は、大審院判例において税務署雇は公務員にあらずとしていた（大正六年四月五日判決）ものを、変更して公務員なりとしており（昭和二十五年三月二十四日第二小法廷判決）また、坂出市雇、兵庫県雇、木炭検収員を公務員と判示している。（昭和二五年一〇月二〇日第二小法廷、同二六年七月二〇日同法廷、同二七年五月三一日仙台高裁）

以上の如く判示常村は雇員たる事務員で郵便外務職として平外務員として郵便物の取集配達に関する事務を担当しその地位、職務が法令に根拠を有し職務内容が肉体的労務の外に明らかに精神的智能的判断を必要とする事務をも具有しおりて刑法第七条第一項にいわゆる公務員に該当し同法第九十五条の法益を有するものといわなければならない（京都地判昭三一・三・五判時七六・三二）。

(三)　職員たるには職制上職員と呼ばれるものであることを要しない（前記【29】の判例参照）。

(四)　職員たるには任命、嘱託、選挙その他いずれの方法によるものであるかを問わない（前記【31】【32】の判例参照）。

(五)　なお泉二博士は、公務員たることが法令上特別の原因たる行為に基くものでなく、国民の一般義務として一定の役務に服従する兵卒の如きは職員たる地位を有しないとされる（前掲二〇三頁）。これに対し、牧野博士は「兵卒に対する公務執行妨害罪ということを考えることができるのではあるまいか」とされる（総論一六五頁）。

(六)　職員たるには国家又は公法人との関係が私法上の契約に基くものでも差支ない。このことは従来の判例において雇員を公務員としていたことから当然論結できる。雇員と国家との関係は私人相互間の関係と性質を同じくし民法上の適用を受けるものであるとすることは公法学上一般に認められていたところであるからである。尤も泉二博士は、それが「純然たる私法関係かは頗る疑問である」とされていた（前掲旧著一九六頁）。

この点について左記判例は検討を要する問題を含むものと思われる。

【35】「職権を以て審査するに原判決は木炭検収員たる被告人梅津を公務員とし同被告人が木炭検収の仕事上作成した薪炭受入調書を公文書としていたことは判文上明かである。しかし、刑法上ある者を公務員というには単にその者の従事する仕事が公務であるばかりでなく、その公務に従事するゆえんが国家又は公共団体の機関としてであることを要することは多言をまたない。そこで被告人梅津が木炭検収員としてこのような条件を備えていたかどうかを検討すると、当裁判所が職権で調査した証人山内清治郎の当公延における供述及び昭和二七年四月一二日附農林省林野庁長官の「政府薪炭検収員任命に関する件と題する書面を綜合すると、被告人梅津が従事していた本件木炭の検収は、昭和二三年八月二一日農林省令第七三号薪炭需給調整規則に基く政府買入木炭の検収であつたこと、同被告人がその仕事に従事したのは、昭和二三年五月五日二三林野第五三八六号農林省林野局長官発各木炭事務所長宛通牒に基く同省仙台木炭事務所長の措置によつて採用された木炭検収員としてであつたこと、右林野局長官の通牒は、当時農林当局としては、政府買入薪炭の検収に従事させるため政府職員たる検収員を置く計画を立てたが、その実施に際し、政府職員の定員数及び予算上の関係からそれが不可能になり、その結果、木炭一俵につき一円、薪一束につき一〇銭の割合の手数料を支払う契約の下に検収の請負制度を実施することに計画を変更し、各本人から請負契約の請書を徴して検収事務に従事させることにし、ただ、生産者等の相手方に対し、政府薪炭の検収をする者であることを表示するため、便宜上、各木炭事務所長から右各本人に「検収員を命ずる」旨の辞令に準ずるものを発給することとし、その旨林野局長官から各木炭事務所長宛に通牒したものであつたこと、而して、爾来各木炭事務所長は右通牒に基き、それぞれその管内において若干名の検収員を置き、前記薪炭需給調整規則施行後は、引続き同規則に基く政府買入薪炭の検収事務を右検収員に行わせていたが、その間国としては右検収員に対し右手数料を支払う外何等の給与を行わないことはもちろん、公務員としての取扱は全くしていなかつたものであること等がそれぞれ明かである。以上によれば、前記林野局長官の通牒に基いて置かれた木炭検収員は、その行う仕事は国の公務であつたが、その

国との関係は単に民法上の請負人と注文者との関係に止まるものであつて、国とその職員という関係ではなく、従つて、検収員が検収の仕事に従事するのは単なる請負人としてであつて、国の機関としてではなかつたものであることが明かである。そうだとすれば被告人梅津は公務員ではなかつたのであり、従つて、同人が木炭検収員としての仕事上作成すべき文書であつた薪炭受入調書は公文書ではなかつたものといわざるを得ず、原判決が之を公務員とし、公文書としたことは、この点に関する法令の解釈を誤つたか又は事実を誤認したものであつて、しかもその誤りが判決に影響を及ぼすことは明白であるから、原判決は破棄を免れない。」（仙台高判昭二七・五・三一高裁刑集五八一八）。

この判決は、木炭検収員の事務が公務であるとしながら、他方この木炭検収員は国家の機関でないとする。その理由は、国と木炭検収員たる被告人の間は民法上の請負契約であつて、被告人の木炭検収事務は国の機関としてなすものではないからであるというのである。しかし、国と民法上の契約関係に立つからといつて直ちに国の機関でないということを得ないことは前述したとおりである。してみれば、本判決は木炭検収員は、国の使用人としてではなく独立の私人として木炭検収事務を請負つたものとみているのであろう。恰も、官庁が自動車を使用する場合に、官庁の使用人たる運転手を用いることなく、特別な契約によつて借上げたタクシー会社の自動車を用いる場合に相当するのであろうか。この場合、自動車の運転行為は、前者については公務といい得るとしても後者については私務という外はない。若しそうであれば、木炭検収員たる被告人の行為は、国の検収事務そのものではなく、国の検収事務に関して私人として参加するに止まり、いわば検収事務の準備行為を行うにすぎないというべきであろう。この場合被告人の事務は私務であり決して公務ではない筈である。公務かどうかは事務の公共性によるものではなく、その主体が国家又はこれに準ずるものであるかどうかによるべきだからである。本判決が被告人を国の機関でないとしながらしかもその事務を公務とみたのは理論的に矛盾ではなかろうか。

なお、本判決は自判部分において、被告人は木炭検収員として政府から請負つて「政府が生産者から買入れる木炭につき、品種、等級、数量等を確認するいわゆる検収の手続を行つた上、その代金額をも算定し薪炭受入調書を作成して売渡人に交付する仕事に従事していたもので」と判示しているのであるが、かような行為は単なる請負人の私的行為ではなく、正に公務であり国家機関としての行為ではなかろうか。

（七）次の東京高裁判決は職員の概念について、少くとも理論的には従来の判例と異つた立場に立つもののようである。

【36】「而して被告人が本件行為当時関東地方建設局の人夫名義の職員であつたことの法令の根拠は建設省訓第五号「国家公務員法第五五条第二項の規定により任命権の委任に関する訓令」に存すること洵に明かであるから本件行為当時被告人が刑法第七条に所謂公務員であつたことは疑の余地なくこれに反する所論は独自の見解であつて到底採用し難い。又所論によれば本件行為当時仮に被告人が公務員であつたとしても、被告人の従事する仕事ないし事務は刑法に所謂「公務」とは認められない旨主張するのであるが、苟くも公務員たる被告人の職務に該当する以上其の職務の性質の如何は毫も問うところでなく、単純なる労務も固よりこれを公務と謂うことができるのみならず、本件被告人はその形式は人夫名義の職員であつたが、単なる人夫として単純なる労務に従事していたのではなく公務員として上司の命により原判示にある如く建設省関東地方建設局工務部電気通信課に勤務し企画係として物品購入、電力設備の設計、施行、監督等の事務及び同局管下江戸川工事事務所篠崎出張所管内行徳変電所の建設工事に際し工事監督をも担当していたものであることは、原判決挙示の当該証拠により洵に明かであるから、これ等の職務がその公職に属すること、従つてこれが当然公務員読職罪の対象となり得ることは論を俟たない」（東京高判昭二九・九・一四裁特一・二九〇）。

この判決は、被告人が職員であることの根拠を単に「被告人が本件行為当時関東地方建設局の人夫名義の職員であつたことの法令の根拠は建設省訓等五号に存することが明らかであるから」ということに求めているのであるが、従来の判例においては、職員とは人夫の如き単純な労務に従事するものを含まなかつたのであるから、被告人が職員であるかどうかは、その相当する事務の内容を検討した上でこれを決定するのが常道であろう。しかるに、本判がかような検討をすることなく(但し、一旦職員であると決定した後に担当事務の内容を判断している)、一挙に職員であると判定したのは如何なる理由によるのであろうか。或は国家公務員法による公務員はすべて「法令に依り公務に従事する職員」であるとする独自の見解が根底に潜んでいたのではなかろうか。

(八)　大審院以来最高裁判所に至るまで終始一貫して採用している職員の観念については美濃部博士の反対がある。

最も広い意味に解すれば、凡て国又は公共団体の一切の事務は、公務でないものは無いと謂ひ得る。併し若しさういふ広い意味に解するならば、郵便集配人でも、電話交換手でも、官立病院の看護婦でも、公立学校のタイピストでも、市営電車の運転手でも、鉄道列車の給仕でも、総て公務に従事する職員であると謂はねばならぬ。併しこれ等の総てを刑法の意義に於ける公務員であると為すことが、事理に適しないことは明白で、大正七年十一月二十七日の判決が、鉄道列車の給仕を以つて鉄道営業法第三八条に「暴行脅迫ヲ以テ鉄道係員ノ職務執行ヲ妨害シタルモノ」とある所謂「鉄道係員」に該当しないものと為し、大正八年四月二日の判決が、郵便集配人を以つて、刑法第七条に所謂「職員」に該当しないから、法令に依り公務に従事する者であるに拘らず、尚ほ刑法に所謂公務員でないと為して居るのは、何れも此の理由に基づいて居るものと思はれるけれども、鉄道係員と謂ひ職員と謂ふは、敢て特定の身分を示す語ではなく、列車の給仕でも、郵便集配人でも、苟も一定の職務を担任して居る以上、これを係員に非ず、職員に非ずと為すべき理由は無いと思はれる。それ等が刑法の意義に於いての公務員たるものでないと為すことは、正当であるが、これは敢てそれ等が係員に非ず職員に非ざるが為めではなく、刑法第七条に所謂「公務」が限られた特殊の意義を有し、必ずしも国又は公共団体の一切の事務を意味するものでないことが、其の真の理由でなければならぬ。

併し刑法に所謂公務員とは如何なる職務を担任する者を謂ふのであるかは、容易にこれを断定し難い。鉄道列車の給仕や郵便集配人が、刑法に所謂公務員でないことは、これを断定し得られるとしても、それが如何なる理由に因つてであるかは、必ずしも明白ではない。

惟ふに、刑法が公務員瀆職の罪を定めて居るのは、公務の威信を保護し、其の公正を維持することを目的とすることは、争を容れない所で、随つて其の所謂公務員は刑罰を以て威信を保護するだけの重要性を有する公務を担任する者でなければならぬ。其の性質に於いて一般の私の従業者が従事して居る労務と異ならない作用は、仮令国又は公共団体の事業に関するものでも、敢て其の威信を保護し公正を維持する為めに、一私人の業務と異つた特別の刑法上の保護を必要とすべき理由は無い。此の種類の労務にのみ従事することを職務として居る者は、国又は公共団体の事業に使用せられて居るものでも、刑法の意義に於いての公務員には該当しないものと解すべきである。

それであるから、一般に言つて、普通に所謂現業員即ち私経済的の労務に従事するに止まる者は、刑法第七条の意味に於いての公務に従事する者ではなく、随つて公務員には該当しない。郵便集配人や列車給仕が公務員に非ざる所以は、此の理由に因るもので、敢て判決に言つて居る如く、「職員」に非ざることに其の理由を求むべきものではないであらう（前掲二五頁）。

（九） 前にも述べたように、わが現行刑法は、旧刑法が公務員に関する犯罪について官吏公吏の如き一定の公法上の身分を中心として規定を設けていたのに反し、これを「法令ニ依リ公務ニ従事スル者」にまで拡げ、従つてその公法上の身分（特別権力関係）の存否を問うことなく、私法上の契約関係に立つに過ぎない者をも公務員に関する犯罪の主体又は客体とするに至つた。即ち、これによつて、身分中心の規定から公務担当者中心へと切り換えられたのである。かような法の精神に照すときは、刑法七条にいう職員とは決して泉二博士のいう如き無定量の事務の執行を執行すべき地位とかその他特別な身分的地位を有するものに限るべき根拠はないわけである。従つて職員とは、公務担当者又は通常の意味（判例の意味でなく）における国又はこれに準ずる公法人の機関を指すものであり、その者の行為が国又はこれに準ずる公法人の行為として効力を有する者であれば足りるものと解すべきである。この意味で美濃部博士の見解は正当であるといわねばならない。

しかるに、判例は機械的労務に服するものは機関でないという。

しかし、何故に単に機械的労務に服する者が機関といえないか明らかでない。機関かどうかは、むしろ国と人との間に存する法律関係に即してみるべきであつて、決してその者の従事する仕事の内容によるべきではない。たとえば官庁が自己の使用人をして庁舎の清掃させる場合にはその清掃事務担当者は国の機関であり、これに反し清掃会社との間に請負契約を締結して同会社の使用人をして清掃せしめる場合にはその清掃事務担当者は国の機関とはいえないのである。

しかし、単純なる機械的労務の如きは一般の場合にはむしろ公務とはいえないと解すべきであろう。仮りに通常の意味において公務であるとしても（判例はこれを刑法七条にいう公務であるとする）、刑法七条にいう公務とは、正に瀆職罪公務執行妨害罪等の規定によりその侵害が刑罰により保護さるべき価値のある公務と解すべきものとすれば、かかる公務には当らないというべきではなかろうか。

独逸における通説判例も純機械的又は隷属的行為は一般的に職務行為の本質を欠くものと解していることもここに思い合わさるべきであろう。

右の考え方に徹すれば、単純な機械的労務の提供を任務とする官庁がありとすれば、その使用人は公務に従事するものといえるであろう。

ともあれ、わが判例が、機械的労務に従事する者は機関ではなく、従つて職員でないという理由によつて、その公務員性を否定することは、従来の身分中心的な公務員概念の名残を示すものとして興味深いものがあるように思われる。

(一〇) なお、職員たるには公務に従事することを業とすることを要するとする説がある(泉二旧著一九二頁)。そしてこの理由で、たとえば、鑑定人の如きは公務に従事するがこれを業とする者でないという理由で公務員でないと解する。しかし、この点は疑問である。鑑定人は、国家機関の立場においてではなく私人の立場において鑑定を行うものである。即ち、鑑定人の鑑定は国家の鑑定行為となるものではない。それは裁判に寄与するものであつて公共的事務ではあるが、国家の行為ではないから公務ではなく、又鑑定人は国家機関ではないから、公務員とはいえないのではなかろうか。

(一一) これに反し、裁判上の準起訴手続の審判において、検察官の職務を行う弁護士は、国家機関として行うものであるから、たとえこれを業としなくても公務員とみるべきであろうと思う。刑訴二六八条三項は、この場合公務に従事する職員とみなす旨の規定を設けたが、これは確認的規定と解すべきであろう。

（一二）　ここで問題とせられるべきことは、未だ判例は存しないが、美濃部博士が私立大学の職員が学位論文の審査をする場合にその職員は公務員であるとすることである。博士は、私法人の職員にして公務に従事する者は公務員なりやというふうに問題を提起せられて、次のようにいわれる。

「学位の授与は勿論国家的公権に基づく行為で、それが官立又は公立大学の外に私立大学にも認められて居るのは、国家から其の権限が与へられて居るもので、即ち公務の委任に外ならないことは言ふまでもない。官公立大学の職員が学位論文を審査するのも、私立大学の職員が同じ行為を為すのも、其の行為の性質及び価値に於いては全く同一であり、等しく国家的の公務たる性質を有する。併し官公立大学の職員が公務員であり、公務員瀆職罪の主体たり得ることは疑を容れないのに反して、私立大学の職員が学位論文の審査に関して賄賂を収受した場合に、それが公務員瀆職罪を構成するや否やは、現行法の解釈としては頗る疑はしい。理論上から謂へば、公務の威信を保護することの必要は、官公立大学に於いて授与する学位も、私立大学に於いて授与する学位も、同じ学位令に基づく同一の学位である以上は、学位論文の審査が官公立大学又は私立大学の何れに於いて行はれるとしても、異なるべき理由は無く、随つて官公立大学の職員が学位論文の審査に関し賄賂を収受することが公務員収賄罪を構成すると同様に、私立大学の職員に同じ行為の有つた場合にも同じ犯罪を構成するものと解するのが正当であると思はれる。

此の点に付き嘗て裁判上の問題となつたことを聞かないし、それが問題となつた場合に、裁判所が果してかういふ解釈を取るであらうや否やは、疑問であるが、現行法の文面上の解釈としても、現行法は公務員瀆職罪の主体を官吏又は公吏の身分を有する者に限らず、凡て「法令ニ依リ公務ニ従事スル職員」は公務員として瀆職罪の主体たり得るものとして居るのであり、而して学位論文の審査は、私立大学に於いて行はれる場合でも、

「公務」たる性質を有することは勿論であるから、学位論文の審査に従事する限度に於いては、私立大学の職員でも「法令ニ依リ公務ニ従事スル職員」に該当するものと解する余地が有り、又斯く解することが理論に適する所以であらうと信ずる」（前掲二七頁）。

博士は、学位の授与は国家的公権に基く行為であるとせられ、学位授与の権限を私立大学に認めたのは公務の委任に外ならないと解せられる。この点について公法学の権威であられた博士に対して敢て反対する資格はないが、右の所説に対しては若干の疑なきを得ない。大正九年勅令二〇〇号に依れば、学位は大学において文部大臣の認可を経て授与するものであるが、この場合私立大学は国家機関として、即ち公務として学位の授与をなすものか又は私立大学として大学の事務としてこれを行うものであろうか。その何れであるかは、学位の授受という事柄の性質だけから先験的に決せられるべきではなく、実定法の立場において決すべきであろう。博士号の授与は学士号の場合と同じく私立大学が大学の事務として行うものと解する余地はないであろうか。又仮りにこれが客観的に公務であるとしても、今日の常識においては、私立大学が国家機関として学位の授受をするものではなく、私立大学自らがこれを行うものと考えられており、従ってこの関係においても私立大学教授は国家の職員ではないと考えられておるようであるから、少くとも瀆職罪の犯意を欠くものとみて差支ないのではなかろうか。

公務執行妨害罪における職務行為

吉川経夫

はしがき

公務執行妨害罪の解釈における中心的課題は、その職務行為の適法性の問題である。けだし、官憲の職務行為である以上人民は無条件に服従を要求され、これに対する反抗は絶対に違法視された権威主義的国家においてならばともかく、国民の基本的人権が最大限に尊重され、国実権力の行使も厳重な法的制約に服することをたてまえとするわが憲法のもとにあつては、官憲の不適法な行為をまで刑法によつて保護する必要はないということは理論上当然といわねばならないが、実際問題として、何が適法な職務行為かを決定することはかならずしも容易ではないからである。本稿では、判例がこの問題をどのように解しているかを明らかにすることに重点をおいた。

公務執行妨害罪は戦後とくにいちじるしい増加をみた犯罪の一であるが、その割に最高裁判所の判例が乏しいので、下級審判例のうち重要と思われるものでこれを補うこととした。本罪においては、とくに事実関係における微妙な差異が結論を左右することが多いので、具体的な事実関係をできるだけ明らかにするようつとめた。そのため判旨の引用がやや長きに失した点もあろうかと思うが諒承していただきたい。また職務行為の具体例についての研究は、むしろ訴訟法なり各種の行政法規なりの解釈として問題となるところであるが、具体例を離れて観念的に職務行為を論ずることは無意味であると考えたので、あえてこれに相当の紙数を割くことにした。

序　説

本稿に与えられた項目は、「公務執行妨害罪における職務行為」である。ところで、狭義においては公務執行妨害罪とは、刑法九五条一項所定の犯罪のみをさすのであるが、刑法第二編第五章は「公務ノ執行ヲ妨害スル罪」という標題のもとに四個の条文をおき、右の狭義の公務執行妨害罪を筆頭に、職務強要罪（九五Ⅱ）、封印破棄罪（九六）、強制執行免脱罪（九六ノ二）、競売入札妨害罪（九六ノ三Ⅰ）、不正談合罪（九六ノ三Ⅱ）の六種の犯罪類型を規定している。そこで広義においてはこれらの六種の犯罪を公務執行妨害罪と総称しうるわけである（もっとも昭和一六年の刑法改正によって新設された強制執行免脱罪以下の三種の罪を公務執行妨害罪の範疇に属させることについては異論がある。日沖「刑法の一部改正について」法律時報一三巻五号一三頁、牧野「刑法中改正法律」警察研究一二巻四号九頁参照）。しかも「刑法第二編第五章ニ於テ公務ノ執行ヲ妨害スル罪トシテ規定スルモノハ其構成要件ニ種々ノ制限ヲ存シ広ク一切ノ公務執行妨害行為ヲ網羅スルニ非サル」もの（大判大一一・五・六刑集一・二六二）であって、実質的に公務の妨害を処罰の対象とする規定は、刑法典の他の章（たとえば逃走の罪、犯人蔵匿および証憑湮滅の罪等）や各種の行政的刑罰法規のうちにも少なからず散見される（たとえば労基一二〇3、所税七〇9、麻薬七二2等）。これらの多数の法規のうちに種々の形で規定されている職務行為のすべてを本稿の対象として取り上げることはできないので、公務執行妨害に関するもっとも一般的な規定であり、したがって判例ももっとも豊富に蓄積されている刑法九五条（ことにその一項）を中心として刑法第二編第五章の各犯罪について検討を加えることとしたい（ただし、競売入札妨害罪、不正談合罪は犯罪の性質がかなり異なっているのでこれを除外することとした）。

公務執行妨害罪は、公務の円満な遂行を期そうとする国家的利益と、公務の執行によって自由、名誉、財産等に及ぼされるなんらかの侵害を避けようとする個人の利益との尖鋭な対立関係において国家的利益に優位が認められた場合に成立する。本罪の中心的課題である職務行為の適法性という問題にしても、このあい対立する利益の緊張関係の調和を何処に求めるかという観点から解決せられなければならないであろう。

一　狭義の公務執行妨害罪（九五条一項）

一　概　説

刑法九五条一項の規定する狭義の公務執行妨害罪の構成要件は、「公務員ノ職務ヲ執行スルニ当リ之ニ対シテ暴行又ハ脅迫ヲ加ヘ」ることである。本条の規定は、「公務員を特別に保護する趣旨の規定ではなく公務員によつて執行される公務そのものを保護するものである」（最判昭二八・一〇・二刑集七・一〇・一八八三。本条は公務員をとくに厚く保護するもので憲法一四条に違反し無効であるという上告趣旨に答えたもの）が、その構成要件要素として取り上げられているのは、公務に対する妨害そのものではなく、職務執行中の公務員に対する暴行、脅迫である。すなわち、保護の客体と行為の客体とがはつきりと概念的に区別されうる典型的な例である。もちろん国家または公共団体の機能のうち、その重要なものはほとんどすべてその機関である公務員によつて行われるものであり、また職務執行中の公務員に対して暴行脅迫を加えることはそれ自体公務の妨害となるのであるから、これを取り締ることによつて、実質上重要な公務の大部分は保護しうることになろう。しかし、公務そのものの妨害は本条の構成要件要素ではないのであるから、「現ニ職務執行妨害ノ結果ヲ生セシメタルト否ト」は「同罪ノ成否ニ影響ナ」い（大判昭九・四・二刑集一三・五一八、同旨、大判大六・一二・二〇刑録二三・一五五〇、最判昭二五・一〇・二〇刑集四・一〇・二一一五等）。もちろんそれが現実に公務の執行を妨害するに至ることが多いとしても、それは「厳格な意味では構成要件には属しないが、それに附随する情状」（小野・刑評七巻三五事件）であるにすぎない。

このように本条の保護法益は国家または公共団体の公務そのものであるが、本条では公務執行中の「公務員」に対する加害行為のみが問題とされ、公務執行中の非公務員に対する同様の行為が除外されれ（たとえば、巡査と私人とが協力して現行犯を逮捕しようとする場合、これらに暴行を加えれば、巡査に対しては本罪が成立するが私人に対しては暴行罪が問題となるにすぎない）、またその妨害行為も公務員その者に対する暴行脅迫に限定している点から見ると、たとえ副次的にもせよ、職務の執行に当る公務員個人の保護もはかられていることは否定し難いであろう。このことは、職務行為の適法性の問題を純客観的に解することを躊躇する判例の態度からもうかがわれるところである。

二　職務行為の範囲

右に見たように、九五条一項による公務の保護は、まずそれが公務員によつて行われるものでなければならないということによつて、さらにその妨害が公務員に対する暴行脅迫という手段によつて行われることを要するという点で、二重の制約を受けているわけであるが、その反面職務行為そのものの種類・性質にはなんらの限定も加えられておらず、まつたくその一般性においてとらえられている。

（一）　職務の軽重

まず、それが公務員の職務とみられうるものである限り（本条にいう公務員の範囲については別項で取り扱われるところなのでここでは触れない）、その職務限実質の軽重の如きは、本罪の成否に影響しない。

【1】（上告理由）「公務執行妨害罪の法益は国家又は公共団体の機能であり作用である。この法益の侵害が本罪となるのである。刑法第九十五条一項の立法の目的は国家又は公共団体の活動を充分ならしめ且その威信を保たしめることである。されば公務員であるかどうかその地位如何、公務員として適法の執務であるかど

うかが問題となるので、公務員個人の権利の侵害と区別されるのである。この点からすると妨害されたとする公務の実質が特に之を保護するに必要な重い程度のものでなければならない（牧野英一氏刑法研究第三巻二百四十頁参照）。然るに原審及び控訴審に於て公務員だとするKの仕事はそんな重い程度のものではないしこの点について両審共何等の考慮を払わずに之を公務執行妨害罪と断じている。」

（判旨）「刑法第九五条の罪は、公務員の職務を執行するに当りこれに対して暴行脅迫を加えることにより成立するのであつて、所詮その公務の実質の軽重の如きは時に犯情に影響あらんも、もつて本罪の成否を決する標準となるものではない。」（最判昭二五・一〇・二〇刑集四・一〇・二一一五）。

右の事例は、坂出市統計課の雇員が同課で統計事務に従事中これに対して暴行を加えたというものである（上告理由に引用の牧野博士の所説（二百四十頁とあるのは二百五十頁の誤り）は、税務署雇員の職務権限については法令上規定するところがないから公務員ではないという判決（大判大六・四・五刑録二三・二八一）に対する批判として、公務員の観念をそのように制限すべきではなく、公務員としての犯罪または公務員に対する犯罪の成立については、その公務員として行う事務の重要さを考えなければならないという趣旨のものであつて、本件の引用としてかならずしも適切とはいえない）。

（二）「執行」の意義

従来の立法例では、公務執行妨害罪は「国権に対する反抗」（Widerstand gegen die Staatsgewalt, résistance envers l'autorirté publique）という観念のもとに、国家または公共団体の権力的作用、ことに命令または処分の強制的な執行に対する反抗行為を処罰するに止めるものが多かつた（独刑一一三、仏刑二〇九）。わが旧刑法もまたその例にもれず、「官吏其職務ヲ以テ法律規則ヲ執行シ又ハ行政司法官署ノ命令ヲ執行スルニ当リ暴行脅迫ヲ以テ其官吏ニ抗拒シタル者」だけを罰することとしていた（一三九 I）。ところが現行刑法では、職務行為の内容についての右のような制限を廃止して、単に「職務の執行」とのみ規定することとしたが、それがひろく公務員が職務上取り扱うべき事務のすべてを含むのかそれとも「執行」という言葉からうかがわれるようにいわゆる執行的行為に限るのかということは、少なくとも本法施行の当初では疑問をもたれたところであり、上告論旨としてもこの点がしばしば問題とされた。しかし大審院は、次に示す判決によってこれを前者の意味に解決したのであつた。

【2】（上告理由）「原判決ニ於テ認定サレタル事実ニ依レハ上告人カ村役場書記Fニ対シ職務ノ執行ヲ妨害シタルハ同人カ役場事務トシテ或行為ノ執行ヲ為セシ際之レヲ妨害セシト云フ事実ニ非スシテ単ニ同人カ机ニ倚リ徴税事務ノ為メ県税地租割ノ賦課ニ関シテ名寄台帳ヲ取調ヘ居リタル際換言セハ事務取扱ノ際之ヲ妨害シタリト云フニ過キサルコトハ判決上明白ナル所ナリ而シテ現行刑法第九十五条第一項ニアル「公務員ノ職務ヲ執行スルニ当リ」トハ広ク一般ノ公務員カ事務取扱ノ際ソノモノヲ汎称セシ義ニ非スシテ公務員中特ニ職務ヲ以テ法律規則ヲ執行シ又ハ行政官庁若クハ司法官庁ノ命令ヲ執行スル際ノ義ナルヘシト信ス詳言スレハ所謂「執行」トハ必要ナル場合ニ於テハ強制的ニ其職務ヲ実行シ得ヘキ権限ニシテ学者ノ所謂人又ハ物ニ対シ形式上及ヒ実質上確定シタル国家ノ意思即チ法律命令又ハ行政処分若クハ司法裁判ヲ実行スルノ謂ヒト解スヘキヲ正当ト信ス」

（判旨）「刑法第九十五条第一項ニハ公務員ノ職務ヲ執行スルニ当リ云々トアリテ職務ノ執行ニ何等制限スル所ナケレハ其所謂執行トハ単ニ公務員カ人又ハ物ニ対シテ法律規則ヲ執行シ若クハ公務所ノ命令ヲ執行スル場合ノミニ限ラス公務所ニ於テ公務員カ職務上為スヘキ事務ノ取扱ヲモ総テ之ヲ指称包含セシメタルモノト解スルヲ相当トス何トナレハ同条項ハ公務員ノ取扱フヘキ職務ノ遂行ヲ保護スル立法ノ趣旨ニ外ナラサレハ公務所ニ於ケル公務員ノ為スヘキ事務ノ取扱ト雖モ広義ニ於ケル職務ノ執行ナルヲ以テ之レニ対シテ暴行若クハ迫害ヲ加フルハ公務員カ人又ハ物ニ対シテ公務所ノ命令ヲ執行スルニ当リ暴行若クハ迫害ヲ為ス場合ト職務ノ実行ヲ妨クル点ニ於テ二者差別アルコトナケレハナリ而シテ原判決ニハ被告ハ倭文村役場書記Fカ其管掌ニ係ル徴税事務ノ為メ県税地租割ノ賦課ニ関シテ名寄台帳ヲ取調ヘ居タル際同人ニ対シ突然百八十四ノ地租洩ハ如何ニスルカト放言シ次テ名寄台帳ヲ奪ヒ其取調ヲ為スコト能ハサラシメタリトアリテ即チ被告カ村役場書記ノ職務執行ヲ妨害スルノ意思アリテ前示行為ヲ為シタルコト自ラ明ナレハ刑法第九十五条第一項ヲ適用シ処断シタ

ル ハ相当ナリ故ニ本論旨ハ理由ナシ」(大判明四二・一一・一九刑録一五・一六四一)。

とはいうものの、「執行」という言葉には、語感として強制の契機が含まれているという印象はぬぐい難い。そこで大審院も重ねて次のように判示して、本条にいう執行とは強制的なものであることを要しない旨をとくに断らなければならなかつた。

【3】「刑法第九十五条第一項ニ公務員ノ職務ヲ執行スルニ当リトアルハ其職務ヲ行フコトカ人ヲ強制スルニ至ルヘキ場合ノミニ限ラス汎ク職務ノ範囲内ニ属スル事項ヲ行フ場合ヲ包含スルモノニシテ敢テ執行ナル語辞ニ於テ強制ノ意義ヲ表彰シタルモノト云フヘカラス」(大判明四四・四・一七刑録一七・六〇一。事案は収税官吏が酒造税法違反嫌疑事件の証拠物件として差押えた酒桶を同署雇員に携帯させて所属官署に送付する途中被告人はこれを持ち帰らせないために同人等に暴力をふるつたというもので、上告趣意が、「既ニ強制的処分ノ実行ヲ終ヘテ帰路ニ在ルノ税務吏員ニ対シ縦シ暴行ヲ加ヘタリトスルモ」暴行罪が成立することは格別、公務執行妨害罪となるものではないと主張したのに答えたものであつた)。

このようにして、刑法九五条一項にいわゆる「職務ヲ執行スルニ当リ」とは、「職務を行うに当り」もしくは「職務に従事中」という意味であることは、判例法上つとに確立されたところであるが、現在の代表的な学説も、多くこの【2】【3】の判決を引用してこれを支持している(牧野・各論二五頁、小野・講義各論一九頁、木村・各論三二九頁、滝川・各論二六八頁等。なお仮案二〇八条は「公務員ノ職務ヲ行フニ当リ」と規定してこの趣旨を明らかにしている)。そこで最高裁判所としては、重ねてこれを繰り返す必要をみていないのであるが、下級審にあつてはなお、あるいは【2】を踏襲して「刑法第九十五条第一項に所謂「公務の執行」については公務員が其の公務所で職務上為すべき事務を取扱つて居た場合をも含むものと解すべきことは同法条が其の職務執行に何等の制限を加えて居ないことからしても明かである」といい(東京高判昭二五・一一・一六特一五・三一。事案は警察署事務室で当直勤務中に県防犯統計課へ報告する経済事件延数件数統計表を作成していた巡査を脅迫したもの)、あるいは【3】に従つて、「強制力を用うると否とを問わず広く職務の範囲内に属する事項を行う場合を指すものと解すべある」（札幌高判昭二七・一〇・二九特一八・一〇二。事案は任意同行を求められたのに対して暴行したもの）と判示したものがみられる。その他、このことを当然の前提として、戸籍簿閲覧中の巡査（大判大一二・一一・一五刑集二・七九〇〔55〕と同一判決）、区長承認問題に関し準備的に協議中の村長及び村会議員（大判昭一〇・一二・一六刑集一四・一三二七〔14〕と同一判決）、開拓農業協同組合理事等の会合で説明中の村助役（東京高判昭二九・三・一二東京高時報五・二・刑七〇）等、非強制的職務に従事中の公務員に対する公務執行妨害罪の成立を認めた判例は枚挙にいとまがない。

三　職務行為の適法性

公務執行妨害罪が成立するためには、公務員の職務行為が適法なものであることを必要とするであろうか。この点は本罪の構成要件の解釈上もっとも重要にしてしかももっとも解決の困難な問題である。けだしドイツ刑法一一三条が「職務の適法な執行に当り」（in der rechtmäßigen Ausübung seires Amtes）と規定しているのに反して、わが刑法九五条は単に職務の執行といっているにすぎないため、説が分かれているのである。通説は一応これを積極に解している（大場・各論下六九一頁、泉二・各論六六頁、牧野・各論二六頁、宮本・大綱四九二頁、木村・各論三三〇頁、滝川・各論二六六頁、井上・各論二四六頁、植松・各論一八頁、安平・各論下三三二頁、福田・各論二四頁、伊達・刑事法講座四巻六七四頁等）。明文の規定のないわが刑法についてなお職務行為の適法性を要求する根拠としては、あるいは適法でなければそもそも職務行為といいえないこと（滝川・刑事法判決批評一巻二〇二頁はとくにこの点を強調する）、あるいは適法な職務執行でなければ本条の保護に値しないこと（植松・各論一八頁、井上・各論二四六頁）等が指摘されている。これに対して、「苟くも公務員の職務執行行為と認むべきものがあれば、その行為はすでに本条の保護に値するものである」として、その適法性（「其が行政行為又は訴訟行為として有効であるために必要な一切の法律的条件を具えること」）ないし合法性（「其の行為が実質的に法秩序一般から見て正当であること」）は必要でないとする有力な反対説があるのである（小野・講義各論二〇頁、同旨、吉田・刑事法判例研究一九九頁）。ただしかし、職務行為の適法性の要否といってもその適法性の要件と解するか、またその適法要件の存否は何を標準として判断するかによつて、具体的行為に対する結論は異ならざるをえないのであつて（たとえば、一応公務執行の適法性を必要としながらも、「公務の執行が適法でなければならぬといふことは、公務の執行が公務の執行として成立することを要すといふだけに解せねばならぬ」とし、「公務の執行は公務の執行として一般の見解上認めらるるものなることを要し且之を以て足るの外、別に公務の執行が適法なることを要しないのである」という牧野博士の説（刑法研究二巻二〇七頁以下）は、その適用において消極説とほとんど変るところはない。のみならず、同博士は公務員の抽象的権限の有無をさえも一般の見解で決すればたりるとされるのであるから、小野博士が、適法性ないし合法性を不要としながらも、職務の執行であるためにはかならず一般権限内の行為でなければならぬとされる（講義各論二〇頁）のに比較してもその要件において一層ゆるやかであるといわなければならない）、適法性の要否ということだけを抽象的に議論するのは、理念的にはともかくとして、実際上は余り実益がないものといわなければならない。

では判例はこの点についてどのような態度をとつているだろうか。

（一） 適法性を必要とするもの

支配的な判例もまた、少なくとも観念的には、職務行為の適法性を必要とする立場に立つているものとみることができる。たとえば、「公務執行妨害罪ノ成立スルニハ其ノ妨害カ公務員ノ適法ナル職務ノ執行ニ当リ為サレタルコトヲ要シ……」といい（大判昭七・三・二四刑集一一・二九六〔24〕と同一判決）、また「刑法第九十五条所定の公務員の職務の執行は適法なることを要すること勿論である」といつている（大阪高判昭二八・一〇・一刑集六・一一・一四九七〔29〕と同一判決）のはその代表的な例である。ただしこれらの判決はいずれも、公務執行妨害罪の成立を認めるための前提として職務行為の適法性を必要とするといいながらも、当該具体的事例については結局適法性ありとして公務執行妨害罪の成立を認めた事例であるが、下級審判決のなかには、「違法な職務行為は之を公務の執行と解することはできない」という理由で、これに対する抵抗を正当防衛と認め無罪を言い渡している事例もある（名古屋地判昭二八・五・六最高刑集八・七・一一四一〔43〕の第一審判決）。

（二） 適法性を必要としないとするもの

職務行為の適法性を要件とする右の諸判決に対して、違法な職務行為についてもなお本罪の成立を認めようとする少数説的な立場の判決も若干存在する。

(1)　違法な職務行為といえども保護に値するとするもの

【4】「論旨は要するに、本件公務執行妨害の点は已に逮捕状が発布されているに拘わらず、急速を要するときでもないのに逮捕状を所持せず、且つ被疑事実の要旨を告げないで被告人を逮捕しようとした場合であるから、刑訴法第二〇一条第一項、第二項、第七三条第三項に背反するものである。従つて本件判示第一のうち公務執行妨害の罪を構成しない被告人の行為は刑法第三五条、第三六条の適法行為であるというにある。よつて按ずるに何人も法律の定める手続によらなければ、その自由を奪われないことは憲法第三一条の保障するところである。そして逮捕状によつて人を逮捕するためには、刑訴法第二〇一条所定の手続を経なければならぬことは固よりである。故に逮捕状による逮捕に際し、前掲規定によらないで人を逮捕することは司法警察員の職務として違法であることは洵に所論の通りである。しかし職務行為が違法ということと職務行為としては全然なく単に個人の行為として見るべきこととは区別すべきである。後者の場合にはこれに対し公務執行妨害罪の成立がない。が前者の場合には違法であるが、公務の執行として刑法上保護すべき場合がある。さて本件判示第一の事実について記録により調査するに、原審の証人Kに対する尋問調書によると被告人に対する逮捕の命令は十二月十三日午後二時過頃、Y刑事から電話があつたのに、翌十四日午前六時三、四十分頃被告人方に赴き罪の要旨を告げ、被告人を逮捕しようとしたのであるが、逮捕状なしで逮捕せねばならないような特別の事情はなかつた旨の供述記載並びに本件逮捕状には昭和二十四年十二月十三日発布せられ、その有効期間は同月十九日までである旨の記載によると、本件逮捕は被疑事実の要旨を告げたうえ、これをなそうとしたことは認められるが、前記法条にいわゆる緊急を要する場合であつたとは認められない。故に本件逮捕は違法である。しかしこれは一個人の私的行為と見るべきでなく、違法ではあるがやはり職務行為と解すべきである。そして前述のような事実関係の下では職務行為として刑法上保護するのが相当である。従つて被告人においてK巡査に対し右職務行為をなそうとした際判示行為に及んだ以上公務執行妨害罪の成立がある。」(東京高判昭二五・一一・一九特一五・五一二)。

この判決は、巡査の逮捕行為が違法であることを判文上明らかに承認しながらも、なおこれに対する抵抗を公務執行妨害に問擬した珍しい例である。職務行為としての一応の成立さえあれば公務の執行としての保護に値する場合があるとする趣旨のようであるが、本件における職務行為が違法であるにかかわらずなお保護に値するものと判断した理由は別に示されていない。けだし、刑訴二〇一条二項所定のいわゆる逮捕状の緊急執行をなしうるためには、「急速を要するとき」であることが不可欠の本質的要件である。このような本質的要件を欠いた逮捕行為をも保護に値するとした本判決の結論は、ことがらが逮捕という国民の身体的自由に対する高度の侵害を内容とするものであるだけに（伊達「公務執行妨害罪における職務執行の違法性」法律時報二四巻二一号二六頁参照）、遺憾とせねばならない。

(2)　違法ではあつてもその程度が強くなければよいとするもの

【5】「右逮捕が不適法だからという理由から、直に本件被告人の前示所為が公務執行妨害罪を構成しないものと速断してはならない。公務執行妨害罪は、公務員がその一般的権限に属する事項に関し法令に定める手続に準拠してその職務を執行するに当り之に対し暴行又は脅迫を為すによつて成立するもので、仮令、当該手続に関する法規の解釈適用を誤まりたるため手続上の要件を充たさない場合と雖も、一応その行為が形式的に公務員の適法な執行行為と認められる以上、公務執行妨害の成立を妨ぐるものではない。本件において、前示T、F両巡査は、予て被告人に対し窃盗の指名犯人として裁判官の逮捕状の発せられていることを知り、之が緊急執行のため右令状を所持しないまま被告人の依命逮捕に赴きたるもので、かかる場合の逮捕の手続としては刑事訴訟法第七三条第三項に従い被執行者に対し被疑事実の要旨即ち或る程度の被疑事実の内容と令状が発せられている旨を告げなければならないのを、誤解して、単に罪名と令状が発せられている旨を告げれば足るものと考え、被告人に対し窃盗の嫌疑により逮捕状が発せられている旨を告げて逮捕せんとしたのであるから、該逮捕行為は法令に定める手続に違背し違法ではあるが、その違法の程度は全然被疑事実を告げなかつた場合

と異り強度のものとは云えず、なお一般の見解上、一応形式的には前記巡査等の一般的権限に属する適法な職務執行行為と称し得ないことはない。従って被告人が同巡査等の右職務執行に当り前記暴行を加えた所為は当然公務執行妨害罪を構成するものと云わなければならない。」(福岡高判昭二七・一・一九刑集五・一・二)。

本件も前例と同じく逮捕状の緊急執行に関するものである。逮捕行為が結局違法であることを承認しながらもなお本罪の成立を肯定するために、判決は「一般の見解上」とか「一応形式的には」とか「適法と称し得ないことはない」とか苦しい表現を用いているが、結論としては「適法な職務執行行為」といっているのであるから、むしろ積極説に属するものと解する方が適当かもしれない。それはさておき、緊急執行の要件を全然欠いた【4】の場合と異って、本件では執行の手続において違法があったにすぎないが、この場合の被疑事実の内容の告知は憲法三四条の保障とも関係があるものであるから(小野外三氏・刑訴コンメンタール一四七頁参照)、その遺脱を判示のように軽度の違法と断じうるか否かは疑問である(本件の第一審(福岡地大弁田支判昭二六・八・一〇高裁刑集五・一・二一)は、「右は刑事訴訟法第二百一条第二項第七十三条第三項に要請する重要な逮捕の要件を欠如するものであつて到底該逮捕を目して適法な逮捕とは称し難く、従つて本件逮捕に当り被告人の為した暴行は公務員の職務を執行するに当り之に対し暴行を加えたものとは断じ得ない」として正当防衛と認め、無罪を言い渡している。)。

(3)　適法かどうかを問題とする必要がないとするもの　次に掲げる判決は、公務員の職務執行行為として保護の対象たりうべきものである以上、その適法・不適法ないし合憲・違憲は問題でないとする。保護の対象たりうべき職務行為であるかどうかを決定するには、【24】と同様な標準によっている。

【6】「公務員が其の抽象的職務権限の範囲に属する事項につき、職務の執行行為であると信じ、或一定の行為を行つた場合、たとえ、職務執行行為の原因たる具体的事実を誤認し、又は当該事実に対する法規の解釈適用を誤つたとしても、其の行為はなお公務員の職務執行行為として、刑法による保護の対象たり得べく、そ

の執行に当り為された妨害行為は、公務執行妨害の罪を構成すること勿論である（中略）従って前記執行行為が為された際に於ける被告人等の本件妨害行為は、該執行行為の適法、不適法乃至は合憲、違憲の点につき、その如何を判断するまでもなく、たゞちに公務執行妨害の罪を構成するものであるから、たとえ、原審が叙上執行行為の合法性、合憲性を判定しなかつたとしても、原判決の理由に不備がない。」（名古屋高金沢支判昭二七・九・一二時三〇・九八）。

（三） 職務行為の適法性の認識と故意

公務執行妨害罪が成立するためには職務行為が適法であることを要すると解する場合には、この適法性という点にまでも故意が及ばねばならないか、すなわち妨害者において職務執行が違法であると誤信して抵抗したときは故意を阻却するかという問題がある（この点についての詳細は、谷口「公務執行に対する反抗」ジュリスト一一六号、とくに三三頁以下）。職務行為の適法性を要件とする以上、理論的にはその点についての認識は構成要件事実の認識であつてその錯誤は故意を阻却するものと解するのが正しいと思われるが（大場・各論下七一七頁、伊達・講座六七七頁）、判例はこれを法律の錯誤であるとして故意の阻却を認めていない（学説としてこれと説くところを同じくするものは泉二・各論七〇頁。なおドイツの判例は、職務行為の適法性は客観的処罰条件であつてその錯誤は故意を阻却しないとしている。判旨賛成は Mezger, Schönke 等、反対は Binding, Frank 等。Welzel はこれを禁止の錯誤と解している。）。

【7】「巡査ノ解散命令及検束処分カ職権濫用ニ基ク不法ノ侵害ナリト誤認シテ正当防衛ノ目的ヲ以テ反撃抵抗シタリトスルモ右錯誤ハ罪ト為ルヘキ事実ノ誤認ニ非スシテ其ノ行為ヲ為スニ至リタル動機原因タル事実関係ヲ誤解シタル結果本来法律上許サレサル自已ノ行為ヲ許サレタルモノト誤信シタルニ外ナラスシテ公務執行妨害罪及傷害罪ニ於ケル故意ヲ阻却セサルモノトス」（大判昭六・一〇・二八評論二一諸法七〇）。

後出【24】の判決（「被告人カ右議長ノ措置ヲ以テ適法ナラスト判断シ従テ議長ノ職務執行行為ニ妨害ヲ為スモノニアラスト思惟シタリトスルモ右ハ被告人ノ該行為ニ対スル法律上ノ判断ニ過キス其ノ如何ハ毫モ被告人ノ犯意ヲ左右スルモノニアラ〔ス〕」）も、表現はやや異なつているが同趣旨であろう。

四 適法要件

右に見たように、判例の大勢は、本罪が成立するためには職務行為が適法でなければならないとしているものと解することができるとして、次に職務行為が適法であるといいうるためにはどのような要件が具わつていることを必要とするかを検討しなければならない。結論の具体的妥当性を重要視する判例の立場としては、たとえ正面から職務行為の適法性を要求しないものにあつても、これに職務行為としての保護を与えるためにはある程度まで一般に適法要件として解されているものが具備されていることは必要としているのであるから、この問題を考えることは、本罪の成立を論じるに当つてすこぶる重要な点である。

（一）　憲法との関係

憲法の条規に反する法律、命令その他国務に関する行為はその効力を有しないのであるから（憲九八Ⅰ）、法律・命令等に基いて職務行為が行われる場合に、その法律・命令そのものが憲法に違反しているか、あるいはその法令等の解釈・適用が憲法に違反しているならば、当該職務行為は適法といいえないことはいうまでもない（〔6〕の判決が、職務行為の合憲性をも必要としないかのような判示をしているのは不当である）。職務行為の違憲性の主張は、とくにいわゆる公安条例に基く集団示威運動の解散処分等に関連してしばしばなされているが（〔10〕の判決参照）、これを認めた最高裁の判例は未だ見当らない。次に掲げるのは、団体等規正令の合憲性をめぐつて職務執行の適憲性が争われた事例である。

【8】　「〔本件の〕当時においては、団体等規正令並びに昭和二三年政令第二三八号（筆者註、解散団体の財産の管理及び処分等に関する政令）がともに、日本国憲法にかかわりなく国法として有効に存在したことは、当裁判所の判例に徴し明らかである。しかも当時団体等規正令並びに昭和二三年政令第二三八号に基く法務総裁の処分の効力を争うことについては

我が国の裁判所は裁判権を有しないものとされていたので、右政令第二三八号第一六条に従い、法務総裁の命令に基き都道府県知事のした処分についてもその効力を争うことはできなかつたのである。されば右団体等規正令並びに右政令第二三八号が国法として有効な当時、法務総裁が右団体等規正令に従つて、解散を命じ、右政令第二三八号により法務総裁又は都道府県知事が解散団体の財産を接収することは適法な行為であり、又右法務総裁又は都道府県知事の命によりその接収に従事する係員たる公務員の行為も、亦適法な公務執行行為といわなければならない。」（最判昭三〇・三・二五刑集九・三・五三九）。

（二）　抽象的（一般的）職務権限

(1)　行為が公務員の抽象的職務権限に属するものでなければならないことは多言を要しない。抽象的職務権限がなければ、適法性の問題に立入るまでもなくそもそも職務の執行とさえいえないであろう。それ故、適法性を必要と解する通説がこれを第一の要件として掲げていることはもちろん、適法性を必要としない少数説でも、「公務員の一般権限内の行為であ」ることをもつてそれが「職務の執行」といいうるための要件としているのである（小野・講義各論二〇頁）。教科書などでは、抽象的職務権限のない例として、裁判官が差押をする場合とか、巡査が収税行為をする場合等をあげるのが常であるが、現実の問題としてはこのように明白な権限踰越の行為が行われることは考え難く、また仮に行われたとしてもそれが職務の執行といいえないことは何人の目にも明らかであるから判例に現われて来ることはない。判例も「特定ノ行為カ職務ノ執行タル為ニハ該行為カ其ノ公務員ノ抽象的職務権限ニ属スル事項ニ該ルコトヲ要スルヤ勿論ナリ」といつているのを始め（大判昭七・三・二四刑集一一・二九六〔24〕と同一判決）、抽象的権限内に属することをもつて行為が適法であると認めるための前提としている例は二、三にとどまらないが（たとえば〔5〕〔28〕〔29〕等。なお〔6〕はこれを行為が職務行為としての保護の対象たりうるための一条件とみている）、抽象的権限外の行為であるからという理由を明示して公務執行妨害罪の成立を否定した判例は大審院及び最高裁判所を通じてきわめて乏しい。わずかに、警察官の示談斡旋行為はその職務範囲に属しないとして本罪の成立を否定した次の判決をあげることができようか。

【9】「公共ノ安寧秩序ヲ保持シ其障害タル犯罪ヲ防止スルハ警察官ノ職務ニ属スルモノナルカ故ニ犯罪行為ノタメ公共ノ安寧秩序ヲ乱ルノ虞アル場合ニ於テハ警察官ハ予メ其犯罪行為ノ発生ヲ防止スルコトヲ得ルハ勿論既ニ犯罪行為発生シタル後ニ於テモ苟クモ其行為ノ継続スル間ハ其犯罪ノ継続ヲ防止スルノ権限ヲ有スルコトハ毫モ疑ヲ容ルヘキニ非ラスト雖モ一旦犯罪行為終了シタル後ニ至リ犯罪ニ依リ生シタル損害ヲ補償セシメテ其侵害セラレタル秩序ノ回復ヲ計ルカ如キハ宜シク裁判権ノ行動ニ待ツヘク警察官ノ職務上之ニ干与スヘキモノニ非サルナリ本件事案ヲ按スルニ原判決ノ認定シタル所ニ依レハ被告ハ大正三年十一月二十日知人見送ノ為メ熊本県長洲停車場ニ到リ入場券ヲ求メスシテ改札口ヨリ入場シ見送ヲ終ヘテ出場ノ後モ尚入場券料金ヲ支払ハス其儘構外ナル駅前飲食店ニ入リ飲食シ居リタル処同県巡査Kハ被告ニ対シ入場券料金ノ支払ヲ為スヘキ旨注意シタルニ被告ハ酩酊ノ折柄之ヲ憤リ暴言ヲ吐キ且手ヲ以テ同巡査ノ左鬢ヲ殴打シ暴行ヲ加ヘタリト云フニ在リ鉄道営業法第三十七条ニ依レハ入場券ヲ所持セスシテ妄ニ停車場其他鉄道地内ニ立入ルトキハ十円以下ノ科料ニ処セラルヘキモノナルニヨリ被告カ入場券ヲ所持セスシテ判示ノ如ク改札口ヨリ入場シタルハ右法規ニ依リ処罰セラル可キ犯罪行為ナルヲ以テ該犯罪行為ノ継続セル被告ノ入場中巡査カ同人ニ対シ入場券料金ノ支払ヲ為スヘキ旨ノ注意ヲ与ヘテ犯罪ノ継続ヲ防止シ以テ停車場ノ秩序ヲ維持スルハ警察官当然ノ職務ナルヘシト雖モ巳ニ停車場ヲ出テテ犯罪行為全ク終了シ唯入場券料金支払ノ債務ヲ有スルニ過キサル被告ニ対シ入場券料金ノ支払ヲ為スヘキ旨ノ警告ヲ与フルカ如キハ警察官ノ職務範囲ニ属セサルモノト謂ハサル可カラス然レハ則チ原判決カ右巡査ノ行為ハ職務ノ実行ト謂ヒ難ク従テ被告ノ暴行ハ公務執行妨害罪ヲ構成セサル旨判示シタルハ寔ニ相当ニシテ本論旨ハ理由ナシ」（大判大四・一〇・六刑録二一・一四四一〔研究〕美濃部・法協三四巻八号一一二〇頁は判旨賛成）。

下級審判例のうちには抽象的職務権限の不存在を云為しているものも一、二見られる。

【10】「平穏な集団行進又は集団示威運動は憲法の保障の下に何人もこれをなし得るわけであるから、単に事前の届出をしなかつたという形式的違反の一事によつて直ちにこれを禁圧することは許されない。その集団行進又は集団示威運動が暴行、脅迫、騒擾等、公安を乱し公共の福祉を害する危険が接迫した場合において、これを防止するため該集団行進又は集団示威運動の解散を命じ、そのこれに応じない場合に実力を以て解散を強行することは、公安を維持すべき警察官又は警察吏員の職務権限に属するけれども、かような公共の危険が発生しないにかかわらず、単に事前の届出がないというだけの理由で直ちに、平穏な集団行進又は集団示威運動に対し解散を命じ又は実力を以て解散を強行することは違憲の行為であつて、警察官等の抽象的職務権限に属するものとはいえない。従つてその行為を以て警察官等の公務の執行と認むることはできない。（中略）原判決が佐賀市警察吏員の本件解散行為が公共の危険を防止するためになされたものであるか否かについて何等の判断を加えることなく、たやすくその行為を以て該警察吏員の公務の執行と認め、これに対し暴行を加えた被告人等の行為を公務執行妨害罪に問擬したのは理由の不備か、或いは法令の適用を誤つたものという外はなく、その誤は判決に影響を及ぼすことが明であるから、原判決はこの点において破棄を免れない。」（福岡高判昭二六・三・三一最高刑集九・二・一三六）。

これは昭和二四年佐賀県条例五二号（集団行進及び集団示威運動に関する条例）に違反する無届集団示威運動の解散を強行しようとした警官隊に抵抗して傷害を与えた被告人を、同条例違反、公務執行妨害、傷害に問うた第一審判決を破棄差戻した事例である。その結論の是非はともかく、抽象的職務権限に属しないというのは奇異な論である。むしろ具体的権限の不存在を理由として、職務行為たることを否定すべきであつたと考えられる（差戻後の第一審は、公共の危険が発生する恐れがあつたとして公務執行妨害罪の成立を認め、第二審（〔28〕の判決）も、これを量刑不当で破棄しながら同罪の成立は肯定した）。

【11】（事実）　被告人は九州大学医学部教授代理であるが、同学部附属医院入院患者某の主治医の順番が同学部副手Tに該当していたのに、これを別の副手Oに指名したところ、T副手は自分が順番に当つているので

右患者の手術に着手した。被告人はこれをこのまま放置すれば医局内の統制を紊すものと激昂し、T副手をしいてO副手と交代させるため、右手術中のT副手に対し、数名の者をして暴行を加えさせた。

（判旨）「T副手ノ本件手術行為カ右職務ノ執行ト認メ得ラルルヤ否ニ付審究スルニ（中略）其ノ動機専ラ前記教授代理カ自己ヲ該患者ノ主治医ニ指定セサリシヲ不当ナリトシ強テ我意ヲ貫カントシタルニ在ルヲ以テ右手術ヲ為スニ際リ同副手ノ胸中患者治病ノ意思及目的アリタルモノトハ到底解シ難シ（中略）果シテ然ラハT副手ノ手術ハ前記副手ノ前顕医院ニ於ケル抽象的職務権限中其ノ中核タル診療ニ該当セス則チT副手ノ手術ハ公務ノ執行ニ非ス他ノ何人之ヲ妨害スルコトアルモ公務執行妨害罪ノ成立スヘキ余地則チナシ」（福岡区判昭一一・一一・五新聞四〇五六・五）。

この事例も、果して抽象的職務権限のない場合であるかはかなり疑わしい。

(2)　職務権限はかならずしも法令で具体的に規定されたものであることを必要としない。

（イ）　巡査の説諭・注意

【12】「行政警察ノ趣意タル人民ノ凶害ヲ予防シ安寧ヲ保全スルニ在リテ人民ノ妨害ヲ防護スルハ巡査ノ職務ノ目的ノ一タルコト行政警察規則第一章第一条第三条及第三章第一条ノ規定ニ照シテ明カナル所ナレハ夜間燈火ヲ用ヰスシテ荷車ヲ牽キ通行シタル者アルトキ巡査カ之ニ対シテ法令違反ノ所為ナル所以ヲ説示シ燈火ヲ点シテ通行スヘキ旨ヲ諭スカ如キハ其ノ職務ノ範囲内ニ属スルモノト謂ハサルヘカラス蓋シ夜間燈火ヲ用ヰスシテ荷車ヲ牽キ通行スルハ道路取締令第八条第一項ニ違反シ同令第二十七条ニ依リ処罰セラルヘキ行為ニシテ之ヲ放任スルニ於テハ一般通行人ニ危害ヲ及ホス虞アルト同時ニ犯罪行為ヲ継続セシムル結果トナリ其ノ不当ナルヤ論ヲ俟タサル所ナレハ之ニ説諭ヲ加ヘ其ノ非行ヲ改メシムルハ之レ則チ人民ノ妨害ヲ防護シ安寧ヲ保全スルニ外ナラサレハナリ」（大判大一三・六・一〇刑集三・四七六）。

【13】「警邏中のN巡査として同様警邏中の任務を帯び職務執行中の同僚巡査が民間人から大声にて罵倒され同巡査の職務の遂行に支障ある様な情勢を看取した場合警察官としての職務上その民間人に対し一応の注意

を与え、同僚の警察官の職務執行を円滑容易ならしめ、且治安の維持を図ることは蓋し当然の職責と謂わなければならない。従って右N巡査の措置も亦警邏中の警察官としての職務行為と謂わざるを得ない。」（名古屋高判昭二八・六・二九特三三・三七）。

（ロ）村の区長選任のための準備的協議会

【14】「元来町村制ニ於ケル区長タルヤ町村公民中選挙権ヲ有スル者ヨリ町村長ノ推薦ニ依リ町村会之ヲ定ムルモノナルコトハ町村制第六十八条ノ規定スルトコロナレハ村長村会議員等カ相会シテ区長承認問題ニ関シ準備的ニ協議スルカ如キハ毫モ妨ナキ所ニシテ而モ此クノ如キ協議会ノ類ハ畢竟村長村会議員等カ其ノ職務権限ニ基キテ公務ヲ執行スルニ外ナラサレハ之ヲ目シテ単ナル私的会合ト解スヘキニ非ス原判決カ証拠ニ依リ認定セル事実ニ依レハ被告人ハ村長竝村会議員等カ村政ニ関スル協議会開催中ナルコトヲ知悉シナカラ役場階下ヨリ大声ニテ「村長降リテ来イ降リテ来ナケレハ打叩クソ叩キ殺スソ」等ト怒号シ因テ村長村会議員等ノ協議ヲ続行スルコト能ハサラシメ以テ村長村会議員等ノ職務執行ヲ妨害シタリト云フニ在リテ而モ同判決ノ引用スル証拠ニヨレハ其ノ所謂村政ニ関スル協議会カ区長承認問題ニ関スルモノナリシコト明白ナル以上原判決カ判示事実ヲ認定シ之ヲ刑法第九十五条第一項ニ問擬シタルハ相当〔ナリ〕」（大判昭一〇・一一・一六刑集一四・一二二七）。

(3)　抽象的権限を有する以上、単に職務執行上の便宜に基いて設けられた内部的事務分担のいかんは、職務権限の有無に影響を及ぼさない。次の二判決はこの理を説く。

（イ）巡査の内勤・外勤、刑事・特務等の区別

【15】（上告理由）「原判決判示事実ヲ閲スルニ「被告五名ハ云々N巡査ハ職務上被告等ニ尾行シ其動静ヲ視察中云々」ト判示セラレタリ然レトモ右N巡査ハ所謂刑事巡査ニシテ其職務ハ専ラ司法警察事務ヲ担任スルモノナルコトハ原判決ニ掲ケタル各証拠ニ依リ明瞭ナリ従テ未タ犯罪行為ナキ以前ニ於テ刑事巡査トシテノ職務執行ノ開始ナキハ勿論ナレハ同巡査カ未タ被告等ニ毫モ犯罪ノ所為ナカリシ前ニ単ニ其動静ヲ視察シ居タル

際被告等カ之ニ対シ偶々喧嘩ヲ挑ミ暴行ヲ為シタリトスルモ未タ刑事巡査トシテノ職務執行ヲ妨害シタルモノト云フ可カラス(明治三十年内務省訓令第十六号巡査配置及勤務概則第一条第一項参照)」

(判旨) 「司法警察ハ犯罪及犯罪ノ証拠ヲ捜査シ且犯罪人ヲ逮捕スルヲ目的トスルモノニシテ犯罪ノ発生ヲ予防監視スルノ行為ハ保安警察ニ属シ司法警察ノ疇域ニ属セサルモノナリト雖モ凡ソ巡査ハ警察ニ関シテ一般的権限ヲ有スルモノニシテ内勤外勤特務刑事等巡査ノ区別ハ畢竟執行上ノ便宜ヲ計リ其各自カ主トシテ担任セル事務ノ性質ニ従ヒ之カ区別ヲ設ケタルニ過キス内勤巡査タルノ故ヲ以テ外勤巡査ノ職務ヲ執行スルノ権限ナク又特務巡査タルノ故ヲ以テ刑事巡査ノ職務ヲ鞅掌スルノ権限ナキモノト謂フコトヲ得サルヲ以テ前掲一般的権限ニ基キ為シタル行為ハ警察官ノ職務ヲ執行シタルモノト謂フヲ妨ケサルモノトス」(大判大五・六・八刑録二二・九一三)。

(ロ) 巡査の受持区域の別

【16】 「巡査Sカ所論ノ如ク足尾警察署砂畑派出所詰ニシテ通洞派出所詰ニ非ストスルモ凡ソ巡査ハ警察ノ事務ニ関シテハ一般的権限ヲ有スルモノニシテ内勤外勤派出所詰等ノ区別ハ畢竟職務執行上ノ便宜ヲ計リ其ノ各自カ主トシテ担任セル職務ノ性質ニ従ヒ之カ区別ヲ設ケタルニ過キス従テ同一警察署ノ管内ニ於テハ甲派出所詰ノ巡査タルノ故ヲ以テ乙派出所詰ノ受持区域ヲ警邏スルノ職権ナキモノト謂フヘカラス」(大判昭八・六・一七刑集一二・八一七)。

(三) 具体的権限

次に公務員が具体的権限をもつこと、すなわち当該行為をなしうるための法定の具体的諸条件を具備していることが必要である。判例では「具体的権限」の文字を用いているものこそ見当らないが、職務行為の適法性が問題とされる事例の多くは、実はこの具体的権限の有無をめぐつて争われているのである。しかし具体的権限というのは当該具体的執行行為をなしうるための前提条件であるから、いうまでもなく各々の職務行為についてそれぞれ異なつている。それゆえこの具体的権限の有無に関しては、のちに各種の職務行為の具体例を取り扱う際にゆずることとしたい。

（四）　職務行為の方式履践

次に職務行為の適法性の要件として、法定の方式の履践があげられるが、積極説に立つ通説の多くは、職務行為の有効要件として定められている方式あるいは法律上重要な手続の形式を履んでいることでたりるとしている。すなわち、行為の効力に影響のない訓示規定違反その他法律上重要でない些細な方式を遵守しなかつたにすぎない場合は職務行為の適法性を失わせるものではないとするのである（ドイツ刑法の解釈としても、rechtlich erhebliche Formen (Liszt-Schmidt, Lehrbuch, 25 Aufl. S.790) ないし wesentliche Förmlichkeiten (Schönke, Kommentar, 6 Aufl. § 113. V. 2) をみたしていることでたりるものとされている。）。判例の中にも「法令ニ於テ定ムル方式ニ遵拠」することをもつて職務行為の適法性認定のための要件としているものがあるが（大判大七・五・一四刑録二四・六〇五（〔26〕の判決）、同旨、福岡高判昭二七・一〇・二最高刑集九・二・一五〇（〔28〕の判決）、大阪高判昭二八・一〇・一判集六・一一・一四九七（〔29〕の判決）等）、そのいわゆる方式もまた、右に通説の説くところを出でるものではない。

(1)　方式に関してしばしば問題になつたのは、収税官吏が質問検査・滞納処分・犯則の捜索等をするに際して、身分を証明する証票その他法定の証票を携帯しなかつた事例である。

（イ）　証票携帯の有無は収税官吏の職務権限に影響しないという理由によるもの

【17】「間接国税犯則者処分法（筆者註、現在の国税犯則取締法）第四条規定ノ証票ハ収税官吏カ臨検捜索等ノ職務執行ニ関シ身分ヲ証明スル為ニ携帯セシムルモノナルヲ以テ収税官吏カ其ノ身分ヲ有スル以上職務執行ニ際シ之ヲ所持セサリシトスルモ其ノ職務権限ニ何等ノ影響ヲ及ホス所ナキモノトスサレハ収税官吏カ職務執行ニ際シ該証票ヲ携帯シタルヤ否ノ事実ハ之ヲ判定スルノ必要ナキヲ以テ原判決カ本件公務執行妨害事件ニ於テHカ収税官吏タル身分ヲ有スルコトヲ判示シタル以上其ノ身分ヲ証明スヘキ証票ヲ携帯シ之ヲ開示シテ押収処分ヲ為シタリヤ否ニ付判断ヲ与ヘサルヲ以テ所論ノ如ク違法アリト称スルコトヲ得ス」（大判大一四・三・二三刑集四・一八七〔研究〕美濃部・法協四三巻一〇号八六頁は判旨反対）。

（ロ）　訓示規定違反は処分を無効にするものではないという理由によるもの

【18】「国税徴収法第十一条ハ訓示的規定ニシテ市吏員カ県税市税ノ滞納処分トシテ財産ノ差押ヲ為スニ際シ其ノ資格ヲ証明スヘキ証票ヲ示ササルモ之ニ因リ其ノ処分ヲ無効ナラシムルモノニ非ス又執行ヲ受クヘキ者ニ於テ当該滞納処分カ権限アル公務員ニ依リテ行ハレ適法ナルコトヲ知ルハ単ニ前掲証票ノ提示ノミニ因ルモノニ非ス他ノ方法ニ依リテ之ヲ知ルヲ得ヘク随テ同証票ノ提示アルニ非サレハ被執行者ハ滞納処分ニ服スルノ義務ナキモノノ如ク解スル論旨ハ謂ハレナシ」（大判大一四・五・七刑集四・二七六）。

（ハ）最高裁判所になつてからの類似の判例としては、

【19】「所得税法六三条は、収税官吏は、所得税に関する調査について必要があるときは、納税義務者その他同条各号所定の者に質問し又はその者の事業に関する帳簿書類その他の物件を検査することができると規定しているから、所得税の調査等に関する職務を担当する収税官吏は、所得調査という行政目的を達成するためには、同条所定の者に質問し、又は同条所定の物件を検査する権能を法律上認められているものといわなければならない。所得税法施行規則六三条は収税官吏は所得税法六三条の規定により帳簿書類その他の物件を検査するときは、大蔵大臣の定める検査章を携帯しなければならないと規定しているが、この規定は、専ら、物件検査の性質上、相手方の自由及び権利に及ぼす影響の少なからざるを顧慮し、収税官吏が右の検査を為すにあたり、自らの判断により又は相手方の要求があるときは、右検査章を相手方に呈示してその権限あるものであることを証することによつて、相手方の危惧の念を除去し検査の円滑な施行を図るため、特に検査章の携帯を命じたものであつて、同条は単なる訓示規定と解すべきではなく、殊に相手方が検査章の呈示を求めたのに対し、収税官吏が之を携帯せず又は携帯するも呈示しなかつた場合には、相手方はその検査を拒む正当の理由があるものと認むべきである。しかし、さればといつて、収税官吏の前記検査権は右検査章の携帯によつて始めて賦与されるものでないことは前記のとおりであるから、相手方が何等検査章の呈示を求めていないのに収税官吏において偶々これを携帯していなかつたからといつて直ちに収税官吏の検査行為をその権限外の行為であると解すべきではない。即ち、所得税に関する調査等をする職務を有する収税官吏が所得調査のため所得税法六三

条により同条所定の物件を検査するにあたつて、検査章を携帯していなかつたとしても、その一事を以て、右収税官吏の検査行為を公務の執行でないということはできない。従つて、之に対して暴行又は脅迫を加えたときは公務執行妨害罪に該当するものといわなければならない。

これを本件について見るに、原判決の確定したところによると、収税官吏たる判示大蔵事務官は判示の如き行政上の目的を以つて、納税義務者たる被告人に面接の上、その身分及び目的を告げ、身分証明書を示して判示退職者調書の検査をしようとしてその提出を求めたが、被告人が之に応じなかつたというのであるが、その際被告人は右大蔵事務官に対して、検査章の呈示を求めたとか、あるいは同事務官が検査章を携帯していなかつたことを事由として前記調書の提出要求に応じなかつたというような事実は、原審において何ら主張されていないのであつて、従つて原判決も亦かかる事実を認定していないばかりでなく（記録を精査しても、かかる事実を認めるに足る資料はない）、右大蔵事務官がなおも被告人に対し再三同調書の提出方を求めたところ、被告人が判示の如き言動に出て同事務官を脅迫したというのであるから、右大蔵事務官の判示所為は所論の如くその職務権限を逸脱した場合であるということはできないのであつて、従つて判示被告人の行為は公務執行妨害罪を構成するものといわなければならない。」（最判昭二七・三・二八刑集六・三・五四六〔研究〕伊達「公務執行妨害罪における職務行為の違法性」法律時報二四巻一一号二一頁、吉川・警察研究二六巻一号九九頁）。

これは、押収や差押でなく帳簿類の検査の場合であり、しかも身分を証明する証票ではなく検査章不携帯の事例であつて、前二例と趣を異にしてはいるものの、判旨の方向としては【17】と同断である。しかし、最高裁判所が、右検査章の携帯を命じる規定を訓示規定ではないと判示しながら、相手方の検査章呈示要求の有無によつて検査行為が収税官吏の権限内かどうかを決定しようとしている点に従前の例と異なつたところがみられる（なお本件第一審（京都地判昭二四・三・一一最高刑集六・三・五五三）は、暴行・脅迫の証拠不十分として公務執行妨害罪の成立を否定し、検査を拒んだことについての所得税法違反の点も、「元来国民はその意に反してその所持する帳簿書類その他の物件の検査を受けることはないものである。唯国家財政の必要上、換言すれば公共の福祉の為必要已むを得ざるものとして所得税法第六十三条に於て収税官吏にその検査権を与えているのである。従つて収税官吏たるものは右権限の行使については厳に法規の規定するところを遵守し、能う限り慎重でなければならないことは多言を要しないところである。この意味に於て前記所得税法施行規則の規定を単なる訓示的規定であると解するような専制的権力主義的な解釈は到底許容することはできない。まして所得税法第六十三条の違反に対しては臨むに同法第七十条第五号の刑罰を以てしているのである。収税官吏の法規不遵守は之を不問に附し、国民の側の法規不遵奉に対してのみ刑罰を科するというが如き解釈は国民感情のよく堪え得るところでないであろう。従て収税官吏が検査章を携帯しないで所得税法第六十三条の規定する検査をしようとした場合に之を拒んだとするも（右検査が全然無効であるかどうかの問題は暫く之を措く）少くとも右拒否は刑罰を以て臨むべき違法となすことはできない」として無罪を言い渡している。）。

(2) 令状の記載に些細な欠点があつたとしても、これに基いてなした職務行為を違法ならしめない例

【20】「差押令状又は捜索令状の有効要件としての差押又は捜索するべき場所の表示は、合理的に解釈してその場所を客観的に特定し得る程度であることをもつて必要かつ十分であると解する。例えば一の家屋内における差押又は捜索を許可する令状は、その家屋の所在場所の同一性を識別し得る程度に、処分を受けるべき場所を表示してあれば足りるのであつて、この要件さえみたされていれば必ずしもその家屋の借家人、現在の使用者又は占有者の氏名を記載する必要はないわけであるから、かりにこのような氏名の表示を欠き又はその表示に若干の誤があつても、令状の記載事項全体の合理的解釈により場所の同一性を識別し得られるかぎり、その令状は有効であるから、その場所において差押又は捜索を行つても違法ではない。」（大阪高判昭三〇・四・四最高刑集九・一二・二四九三、最判昭三〇・一一・二二刑集九・一二・二四八四はこれを支持している。）。

なお、逮捕状の執行につき、「庸子こと石岡陽子当二十一年位」と記載した逮捕状をもつて、すでに近藤某と結婚して戸籍上の氏名が近藤庸子となつている者を逮捕しようとした警察官の行為は適法であるとして、これに対する抵抗に本罪の成立を認めた判決がある（札幌高判昭二七・三・一二刑集五・三・四一三）。

(3) 競売手続における瑕疵が、その後の執達吏の職務を違法ならしめない例

【21】「執達吏代理カ不動産競売事件ニ付競売期日ニ競売手続ヲ進行シ競売終局後ニ於テ競売調書ヲ作成スルコトハ其ノ公務員タル職務ノ行使ニ属シ此ノ如キ場合ニ其ノ競売調書ノ作成ニ従事スル執達吏代理ニ対シ暴行ヲ以テ調書ノ作成ヲ妨害スル行為ハ刑法第九十五条ノ公務妨害ノ罪ヲ構成スルモノトス従テ藉使競売ノ終局ニ際シ或競買人ニ対シ不当ニ其ノ競買ヲ許ササリシ事実アリテ最高価競買人呼上ノ手続カ適法ナラサリシトス

ルモ是レ惟タ競落ノ許可ニ於ケル異議ノ問題ニ関係ヲ生スルニ過キスシテ此ノ場合ニ執達吏代理ノ競売調書ヲ作成スルコトカ適法ナル職務ノ行使タルコトニ消長ナ〔シ〕」（大判大一二・六・一一刑集二・五一九）。

適法な競売期日の公告が行われなかつたとしても、差押動産の競売手続はなお執行吏の職務の執行といいうるとする判決（札幌高判昭二七・一二・二三特一八・七六）も同趣旨である。

(4)　方式上の要件をみたさない場合でも一応その行為が公務員の適法な行為として認められうるものであればよいとする例について【26】参照。

五　適法か否かを決定する標準

それでは当該具体的行為が右の適法性の要件を具えているかどうかは何人の立場を標準としてこれを決定すべきか。もちろん客観的に前述の要件が具備されていれば問題はないが、公務員の錯誤その他の原因によつて厳密に客観的な意味では適法といい難い行為でもなお本罪の保護の対象とすべき場合があるのではないかということが問題とされるのである。そして、当該公務員が適法と信じてなした行為であれば適法と解してよいとする主観説あるいは一応の見解または一般人の見解を標準として決定すべしとする折衷説が、純粋に客観的にこれを決すべしとする客観説に対立しているのである。この問題は、公務員の具体的権限について明確な規定が欠けている場合ないし公務員に自由裁量の余地が残されている場合にとくに重要な意義をもつているが、方式履践の有無の決定についても起りうる（抽象的権限に関する限りそれは常に客観的に存在しなければならないと解するのが判例通説であるが、吉田・前掲二〇三頁はこれについても一般の見解を標準として決すればたりるとする。牧野・刑法研究二巻二一三頁も同旨）。

（一）　主　観　説

主観説は、当該職務執行に当る公務員自身の主観を標準とするもので、その純粋な形においては、いやしくも公務員が適法と信じて行為した以上常にそれは適法であるとする。公務員の「善意」は公務員の内部的秩序における免責事由ないし刑事免責事由（職権濫用罪についての）とはなりえても、職務行為の相手方たる一般国民との関係においては「公務員の信念によつて、違法な職務執行が適法な職務執行に転化するわけはない」（滝川・各論二六七頁）から、学説においては少なくともこのような純主観説を支持するものを見ない。しかし裁判所の有権的解釈が、同じく権力の機構につながる公務員の判断に優越性を認め、その善意を強調することによつてこれへの服従を当為にまで高めようとすることは、抜くべからざる支配者心理の現れであつて、判例には主観説に基調をおくものが少なくない。

(1)　明治期の判例は純粋に主観的な立場に立つものが多い。

【22】　「官吏其職務ヲ以テ正当ニ法律規則ヲ執行スル場合ニ在テハ縦シヤ其執行ハ事実上ノ誤認ニ基因シタリトスルモ被執行者ハ之ニ服従スルノ義務アルモノニシテ其誤認ナルコトヲ主張シテ以テ之ニ抗拒シ得可キモノニアラス而シテ原判決ノ認定ニ依レハ巡査〇ハ賭銭博奕ノ現行犯ト認メ被告ヲ逮捕セントシテ抗拒ヲ受ケタル事実ナレハ其逮捕ハ賭博ノ現行犯タル事実ノ誤認ニ基キタルニ外ナラスシテ現行犯ニアラサルコトヲ知リツツ之ヲ行ヒタルモノニアラス換言スレハ其逮捕ハ正当ナル職務ノ執行ニシテ違法越権ノ行為ニアラス従テ暴行ヲ加ヘテ之ニ抗拒シタル以上ハ官吏抗拒罪ヲ構成スルコト勿論ナ〔リ〕」（大判明三五・五・一三刑録八・五・一一九）。

事案は旧刑法一三九条一項の「官吏抗拒罪」にかかるもので、賭博をしようとして未だ行わぬ際に巡査が賭博の現行犯としてこれを逮捕しようとしたというものである（旧刑法二六一条によれば、賭博は現行犯でなければ処罰の対象とはならなかつた）。判旨は「正当ニ法律規則ヲ執行スル場合ニ在テハ……」といつているが、この場合執行が正当か否かということこそが判断の対象となるべきなのである。これを前提にすりかえているのは独断であるといわなければならない。

次も同じく旧刑法下における錯誤に基く現行犯逮捕の例である。

【23】「原院ノ認ムル所ヲ見ルニ巡査Wニ於テハ現行犯ナリトシテHヲ引致セントセシモノナルコト明カナリ果シテ然ラハ結局現行犯ト認メタルハ錯誤ナリトスルモ其引致ヲ為サントスル当時真ニ現行犯ナリト信シタル場合ハ其引致手続ハ職務執行タルコトヲ妨ケサルナリ」（大判明三六・六・一刑録九・九二七）。

判決文からは事実関係が明らかでないが、錯誤に陥った事情のいかん等をさえ全く問題にすることなく、もっぱら巡査の主観のみに頼っている点、職務行為の相手方たる国民の人権をまったく無視したいかにも権威主義的な態度と評さざるをえない（この判旨に対しては、当時においても大場・各論下七〇三頁、小疇・日本刑法論各論一二三頁等に反対意見が表明されている）。なお現行刑法のもとにおいても、「苟クモ司法警察吏ニ於テ直ニ如上現行犯人ナリト信シテ之ヲ逮捕シ司法警察官ニ引渡サンカ為之ヲ引致セントセシモノナルトキハ其之ヲ現行犯人ナリト認メタルハ錯誤ナルトキト雖右逮捕及引致ノ手続ハ前叙職務ノ執行タルコトヲ失ハサルモノ」とする判例がある（大判昭二・七・一一評論一六諸法三六七）。

(2) 抽象的職務権限に属する事項である限り公務員の主観によるとするもの

【24】「公務執行妨害罪ノ成立スルニハ其ノ妨害カ公務員ノ適法ナル職務ノ執行ニ当リ為サレタルコトヲ要シ而シテ特定ノ行為カ職務ノ執行タル為ニハ該行為カ其ノ公務員ノ抽象的職務権限ニ属スル事項ニ該ルコトヲ要スルヤ勿論ナリト雖公務員ハ苟モ其ノ抽象的職務権限ニ属スル事項ナル限リ箇々ノ場合ニ於テ其ノ職務執行ニ必要ナル条件タル具体的事実ノ存否竝法規ノ解釈適用ヲ決定スル権能ヲ有スルカ故ニ偶々其ノ職務ヲ行フニ当リ職務執行ノ原因タルヘキ具体的事実ヲ誤認シ又ハ当該事実ニ対スル法規ノ解釈ヲ誤リ適用スヘカラサル法規ヲ適用シタリトスルモ該行為カ其ノ公務員ノ抽象的職務権限ニ属スル事項ニ該リ該公務員トシテ真実其ノ職務ノ執行ト信シテ之ヲ為シタルニ於テハ其ノ行為ハ一応其ノ公務員ノ適法ナル職務執行行為ト認メラルヘキモノニシテ従テ其ノ執行ニ当リ為サレタル妨害行為ハ仍ホ公務執行妨害罪タルコトヲ失ハサルモノトス本件ニ於

テ原判決ノ確定シタル事実ハ被告人ハ八幡市会議員ニシテ昭和五年三月十六日開会セラレタル同市昭和六年度予算審議ノ為ニセル昭和五年度第四回継続市会ニ出席シタルカ同市会ニ於テハ市会議長Tカ開会ヲ宣スルヤ議員K発言ヲ求メ同市上水道配水池亀裂問題ニ対スル市当局ノ措置殊ニS市助役ノ引責辞職ノ事実ノ有無ニ付質問シタルニ議長ハ右ハ緊急問題ト認メ難シトシテ之ヲ後刻ニ廻ハシ予算案ヲ先ニ審議スヘキ旨ヲ告ケ該質問ヲ許サス仍テ議員D発言ヲ求メK議員ノ質問ヲ許セヨト迫リタルカ議長ハ之ヲモ斥ケタルニヨリD議員ハ再度発言ヲ求メ水道問題ハ重大且緊急ナレハ議事日程ヲ変更シ予算審議ニ先チ同問題ニ関スル質問ヲ許スヘキヲ理由トシテ日程変更ノ動議ヲ提出シタリ然ルニ同動議ニ付テハ成規ノ議員数名ノ賛成アリタルニ拘ラス議長ハ遂ニ之ヲ議題ト為サス日程ノ予算案ニ付直ニ市長ニ発言ヲ許サントスルヤ被告人ハ議長ヲシテ強ヒテ右動議ヲ議題トセシムヘク自席ヲ立チテ議長席附近マテ迫リ一旦他ノ議員ヨリ制止セラレタルニモ拘ラス議長席横ヨリ壇上ニ上リT議長ノ着衣ノ襟ヲ摑ミ同人ヲ壇下ニ引卸スノ暴行ヲ敢テシ以テ同議長ノ職務執行ヲ妨害シタリト謂フニアリテ市制第五十七条ノ規定ニ依レハ市会議長ハ会議ヲ総理シ会議ノ順序ヲ定メ会議ヲ開閉スル等審議ノ指揮ヲ為ス職務権限ヲ有スルモノナルカ故ニ右T議長カD議員ノ提出シタル議事日程変更ノ動議ヲ上程スルト否トヲ裁決スルコトハ市会議長ノ抽象的職務権限ニ属スル事項ニ該ルモノト謂フヘク従ツテ仮ニ所論ノ如クT議長カ法規ノ解釈ヲ誤リ該動議ヲ以テ法規ノ許ササルトコロナリト信シ之ヲ上程セサリシトスルモ右ノ行為ハ一応適法ナル職務執行行為ト認メラルヘキモノナルカ故ニ前叙ノ理由ニ照ラシ右ノ行為ニ当リ為サレタル被告人ノ妨害行為ハ刑法第九十五条第一項ノ公務執行妨害罪ヲ構成スルモノト謂フヘ〔シ〕」（大判昭七・三・二四刑集一一・二九六）。

泉二博士を裁判長として行われたこの判決は、その後の判例に多くの影響を与え（たとえば適法性を要件としないものではあるが、前出〔6〕の判決は、職務行為と認めるための標準としてこの判旨をそのまま踏襲している）、各種の教科書などにも広く引用されており、いわばこの種の事例のリーディング・ケースともいいうるものである。「抽象的職務権限ニ属スル事項ナル限リ」という限定を設けてはいるが、実質上は(1)に掲げた三例に新たなものをつけ加えているとは称し難い。前三例も、判文上明示こそされていないが、いずれも抽象的権限内の行為であつたことは当然前提とされているものと考えられるからである。「一応其ノ公務員ノ適法ナル職務執行ト認メラルヘキモノ」ともいつているが、これとても公務員の主観以外に行為を一応適法なものたらしめるような情況というようなものを要求しているわけではなく、公務員が善意である限りすなわち一応適法と認められるというのであるから、これまた実質的な要件とは解しえない。ただ、前三例が被執行者の身体的自由に対する直接的侵害を内容とする現行犯逮捕に関するものであつたのに反して、本件では加害者の身体・生命・財産等について何等直接の侵害を与えることのない市会議長の議事進行に対する暴行であるという点に、その結論の正当性を承認しうる根拠が求められよう。

(3)　その後の判例、ことに戦後における下級審の判例にも公務員の善意を要求するものが少なくないが（たとえば〔28〕〔29〕〔30〕の判決）、これらは行為を一応適法なものたらしめるための一条件としてこれをあげていると解されるのであつて、むしろ重点は折衷説の立場におかれているものといえよう。そしてこのように公務員の善意が要求される反面、公務員が「職務執行の名の下に故意に職権濫用をしたような場合にはもとより〔九五条一項〕にいわゆる職務の執行と認められないこと、もちろんである」ということになる（東京高判昭二八・一二・一〇東京高時報四・六・刑一九〇。ただし本事案は職権濫用と認めるべき証拠なしとして本罪の成立を認めたものである。）。

(二)　客　観　説

行為の適法性ということはその行為自体のうちに内在する法的性質であるから、その判断も裁判所が客観的に法令を解釈して定めるところによるとする客観説（大場・各論下六九八頁、滝川・各論二六七頁、井上・各論二四六頁、福田・各論二五頁。植松・各論一八頁は「当該職務行為の適法か違法かは、窮極において裁判所の法規解釈によつて確認されるものであるが、その確認を待つまでもなく、その行為自体に内在しているものであつて、裁判所はその客観的に内在する適法性または違法性を発見確認するに過ぎない」という。）が理論的には正しいものとせねばならない。しかしややもすれば公務員保護に傾きがちな判例の立場としては、適法性を純客観的に決定すべきものとしている例に乏しい。ただ主観説を強く論難する次の判例は、この方向を志しているものといえようか。

【25】「旧憲法施行当時に於ては公務員の行為が抽象的職務行為であり且職務の執行と信じ為した行為は総て刑法第九十五条に所謂公務に該当する旨の解釈が行われていたが民主主義を基調として、国民の自由権が大いに拡張された新憲法施行後に於ては斯の如き解釈は許さるべきではなく、従って刑法第九十五条の公務の範囲は強て狭く解する必要はないが之を厳密に解すべきものとするを相当とする。」（名古屋地判昭二八・三・三最高刑集九・九・一九一四（〔42〕の第一審判決）。事実関係については〔42〕を見よ）。

（三）　折　衷　説

「一般人の見解を標準と為し、一般人の見解に於て一応公務員の職務執行行為なりと認められる場合に於ては其の職務執行行為は適法なりと解すべきである」という立場である（木村・各論三三一頁、同旨、牧野・各論二六頁、斎藤・各論一六頁。小野博士の消極説も実質上これと同旨とみてよいであろう）。この基準は「甚だ不確実であってその判断に苦しまざるを得ないところ」であり、「殊に国民の法意識が未だ低く官権主義的思想の根強い現状においては、この一般人の見解に従うときは極めて多くの違法行為が適法行為の仮面に覆われその適用の結果は消極説と大差ないこととならざるを得ない」という批判（伊達・講座六七六頁）を免れないけれども、判例においては、実質上この立場によったと思われるものがはなはだ多い。

(1)　一応適法と認められるものであればよいとするもの

【26】「公務員カ其権限ニ属スル事項ニ関シ法令ニ於テ定ムル方式ニ遵拠シ其職務ヲ執行スルニ当リ事実ニ付キ錯誤ヲ生シタル為メ方式上ノ要件ヲ充ササル場合ト雖モ一応其行為カ公務員ノ適法ナル行為トシテ認メ得

ヲルルトキハ之ヲ刑法第九十五条第一項ニ所謂公務員ノ職務執行ト為スニ妨ケアルコトナシ原判決ノ確定スル所ニ依レハ被告ハ執達吏Iカ債務者Nニ対スル執行力アル公正証書ノ正本ニ基キ強制執行実施ノ為メ被告ノ住宅ニ臨ミ該公正証書ノ謄本ヲ債務者ノ内縁ノ妻ニ当ル被告ニ交付シ後宅内ニ在リタル有体動産ヲ差押ヘントシタルニ被告ハ暴力ヲ以テ之ヲ拒ミ同執達吏ノ面部ニ創傷ヲ加ヘタルモノニシテ該執行行為ハ債務者ニ対スル適式ノ送達ナキ為メ強制執行開始条件ヲ欠缺シタルコトトナリタルモ其送達カ適式ニ行ハレサリシハ同執達吏ノ事実上ノ誤認ニ基キタルモノニシテ其行為ハ一応適法ナル執行行為ト認メ得ヘキコトハ原判文上自ラ明ナルヲ以テ執行行為ハ前示法条ニ所謂公務員ノ職務執行ニ該当シ被告カ暴行ヲ以テ之ヲ拒ミタル所為ハ公務員ノ職務執行ヲ妨害シタル罪ニ該当スルモノトス」（大判大七・五・一四刑録二四・六〇五〔研究〕牧野・刑法研究二巻二〇七頁、吉田・刑事法判例研究一九九頁はいずれも判旨賛成。なお本件は、原審が、債務者に送達をした事実がないからI執達吏の行為は公務の執行といえないとして無罪を言い渡したのに対する検事上告を容れて、原判決を破棄したものである。）。

京都市公安条例を違憲と断じながら、この条例の規定に基いて巡査が無許可の集団示威運動を解散させようとしたのを「一応その行為が形式的に公務員の適法なる職務執行行為と認められる」として、これに対する抵抗に本罪の成立を肯定した判決（京都地判昭二六・一〇・二六裁時九四・三）もこの立場に立つものといえる（ただしこの判決が、「同条例を無効となす最高裁判決があった以後における行為のみが適法な職務執行行為と称し得ない」といっている点は注目に値する。）。

現行犯として逮捕された者が後日無罪の判決をえたとしても該逮捕を不適法ならしめるものではないとする次の判決は、その根拠を審にしていないが、やはり折衷説に属するものといいえようか。

【27】「被告人ハ無断ニテ乗用シタル自転車ヲ手ニテ押シ乍ラ古川町台町ニ差蒐ルヤ右自転車盗難被害ノ報ニ接シ犯人捜査中ノ古川警察署詰巡査Cニ誰何セラレ該自転車ヲ抛置シ逃走シタルモ同巡査ニ追跡セラレ窃盗現行犯人トシテ逮捕セラレントスルニ方リ其ノ逮捕ヲ免ル為同巡査ニ暴行ヲ加ヘ職務ノ執行ヲ妨害シタリト云フニ在リテC巡査ハ自転車ヲ携帯シタル被告人ヲ盗難被害ノ報アリタル自転車ノ窃盗現行犯人ト認メ之ヲ逮捕セントシタルモノニシテ其ノ行為ハ司法警察官吏トシテノ犯人逮捕ニ関スル職務行為トシテ適法ナリト謂フヘ

ク其ノ後公訴ノ結果被告人ノ本件自転車乗逃ノ行為ハ窃盗罪ヲ構成セサル旨ノ判決アリトスルモ之カ為C巡査ノ右逮捕行為ヲシテ不適法ナラシムルモノニアラサルヲ以テ暴行ヲ加ヘ右逮捕行為ニ対シ妨害ヲ為シタル被告人ノ本件行為ハ当然ニ原判示ノ如ク公務執行妨害罪ヲ構成スルモノトス」（大判大一五・八・二六評論一六刑訴三九。とくにこの判決についての解説ではないが、伊達・講座六七六頁は、「客観説の立場から」も、「巡査の現行犯逮捕の場合」のように「法が公務員に裁量処分を認めている場合に」、「それが適法であるかどうかは逮捕当時の状況を基準として、現行犯逮捕について用うべき注意義務を尽したとして、それが現行犯と認めらるべきものであつたかどうかによつて決定せらるべきであつて、たとえ事後の判断において被逮捕者が犯人でないことが判つたとしても逮捕の適法性には何等影響はないものといわねばならない」としている。これに反し井上・各論二四六頁が「巡査が現行犯でない者を現行犯として逮捕しようとする行為は、巡査がどう考えようが、また常識的に適法なる外観をそなえようが、違法な行為であれば、適法な行為となるわけではない」といつているのは、本件のような場合にも本罪の成立を否定する趣旨であろうか。）。

(2)　公務員の誤信が著しく常規を逸するものでない限り一応適法と認められるとするもの

【28】　「およそ警察職員が抽象的職務権限に属する事項に関し、法令の方式に遵拠してこれを行うものである限り、その職務執行の原因たるべき具体的事実を誤認し又は当該事実に対する法規の解釈適用を誤つたものとしても、真実その職務の執行と信じてこれをなしたものであれば、それが著しく常規を逸したものでない限り、一応適法な職務執行行為と解すべきであるから、仮りに所論のごとく該集会が無届であることにより、所定の者が処罰されることは格別、集会そのものを解散せしめることは集会の自由を不当に制限するものと解し得られ、また当時該集会を解散せしめることを必要とするまでの公安を害する緊迫した明確な危険は存しなかつたがゆえに該解散の措置は適法でないとしても、警察職員が無届を理由に解散を命じ得るものと考え、且当時の情況から公安を害する危険ありと判断して、該集会の解散を命じ、これに応じないため、解散を強行したものである以上、該解散の措置はその職務権限に属する職務の執行というに妨げはないから、本件の集会を解散せしめた措置が適法な公務の執行であることを否定すべき理由は存しない。」（福岡高判昭二七・一〇・二一最高刑集九・二・一五〇。本件は前出〔10〕の判決の差戻後の第二審判決である。最判昭三〇・二・一刑集九・二・一一九はこれを支持している。）。

(3)　公務員が誤信することが「社会通念上一般に認容せられる」ものであればよいとするもの

【29】　「原判決摘示事実に引用の証拠を対照吟味すれば、次の関係事実が認められる。即ち被告人はFと共

に判示日時判示上海亭に立寄つた際折柄同所で飲酒していたAに対し、ピールを飲ませよと要求したが、同人がこれを拒絶したので、FがA連れ出しの口実を設けた上三人が上海亭を出たが、同亭の女給Kは被告人等三名の言動を怪しみ喧嘩でもするのではないかと思い、外へ出て被告人等三名の動静を見ていたところ、三名はその附近で何か争つた後Fはオーバー、マフラを脱いでAの肩を突いたり、足をかけて投げ付けたりし、被告人はその間Fが脱いだオーバー等を持つてその傍で右の様子を見て居り、更にAに対しFに謝れと要求したりなどしたので、Kは附近の交番所へ行き私の店から出たお客が喧嘩していると届けた。折柄同交番所に巡視に来ていた判示B巡査部長がこれを聞き、現場へ馳せつけたところ、かんにんして呉れとの声が聞えて一人の男（A）が倒れて居り、二人の男（被告人とF）が立つて居り、誰が殴られたのかと聴くと、Kがこの人ですと云つてAを指したので、同巡査部長は一応事情を聴くため被告人等三名に交番所までの同行を求め、両手を開いて三名を押すようにした。

すると被告人は何もしていないと云つたがFはその場から逃げ出したので、同巡査部長は被告人とFとを暴行罪の現行犯と思料し、逮捕しようとして被告人のオーバーを摑んだところ、被告人はどうしても連れて行くのか、来るなら来いと云い、オーバーと靴を脱いだ上矢庭に同巡査部長に飛び付き、路上に倒して組み付き判示の通りの暴行、傷害を加えたものであることが認められる。

これによればAに対し直接暴行を加えたのはFであつて、被告人が暴行したとの確証はない。即ち被告人は客観的には暴行罪の現行犯人ではなかつたのであるが、B巡査部長はKの申告に基き判つた被告人がそれまでFと行動を共にして居たことや、Fの犯行当時その現場に居合せていたこと等四囲の状況よりして、被告人もFとともに暴行罪の共犯で、しかも現行犯人であると判断し、被告人を逮捕しようとしたものであることが明らかである。

さて刑法第九十五条所定の公務員の職務の執行は適法なることを要すること勿論であるが、その適法の標準については学説の岐れるところである。しかしいやしくも公務員がその与えられたる職務権限に属する事項に関し、その具体的な執行に際し、これが真実適法な職務なりと信じ、その職務執行の意思の下に、法令に於て定むる方式を遵守して為したる所為なる以上は、たとえ事実の錯誤に基き当該の特定職務の執行に必要な条件を具備しなかつた場合といえども、その条件を具備したものと信ずることが社会通念上一般に認容せられ、公務員の適法な行為として認め得られるときは、これを適法な職務執行の範囲に属する行為となすに何等の妨げはない。蓋し公務員がその職務を行うにあたりては、その抽象的職務権限に属する事項なる限り、箇々の場合に於てその職務を執行するに必要な条件たる具体的事実の存否、法規の解釈適用を決定する権能があるのであるから、その具体的事実ありと信じてなした場合に於ては、たとえこの裁量判断が客観的事実に符合しないところがあつても、一般の見解上これが公務員の職務の執行行為と見られるものは、裁判又は行政処分により取消され又は無効とせられない以上は、一応その行為としての効力を発生するものであることからしても、これを以て公務員の職務執行行為の範囲に属しないものということはできないからである。

翻つて本件を検討するに前叙の如く、客観的には被告人は暴行罪の現行犯人でなかつたものであり、現行犯人たる要件を具備する者でなければ現行犯逮捕のできないこと勿論であるが、右B巡査部長は警察職員として抽象的に現行犯人逮捕の職務権限を有し、法令上現行犯人は逮捕状なくして逮捕できるのであつて、同巡査部長はこの権限に基き、被告人を現行犯人と判断して逮捕せんとしたものであり、且被告人を現行犯人と判断したことは前説示の状況よりすれば、何人がその地位に立つも同一に判断すべき状況のものであつたとして許容せらるべきものと認められるから、同巡査部長の行為は適法なる職務執行の範囲に該当するものというべくこれに対し暴行を加えた被告人の行為は公務執行妨害罪を成立すること論がない。」（大阪高判昭二八・一〇・一刑集六・一一・一四九七）。

この判決は、「錯誤が有恕すべきで公務員が斯かる錯誤に陥ることは一般の見解上已むを得ないときは公務員の職務行為の成立するもの」と解する説（吉田・前掲二〇三頁、同旨、宮本・大綱四九二頁）と方向を同じくするものといえよう。

(4)　一般の見解上も公務の執行と認められないとして本罪の成立を否定した例

【30】「公務執行妨害罪の成立するにはその妨害が公務員の適法な職務の執行に当り為されることを要する

が、苟も公務員の抽象的権限に属する事項である限り偶々職務執行の原因たるべき具体的事実を誤認し、又は当該事実に対する法規の解釈を誤り適用すべからざる法規を適用したとしても、真実職務の執行と信じて為したものであれば一応適法なる職務執行と認めらるべきものである。けれども著しく具体的事実を誤認し当時の客観状況に照しその誤認が極めて明白にして一般の見解上公務の執行と認められないときは、たとえ公務員において職務の執行と信じて為したとしても適法なる職務行為とは認められないと解するのが相当である。ところがH巡査は被告人Yが当時些か飲酒酩酊していたに過ぎずして何等応急の救護を要する状態ではないのに拘らず、F方より酔つ払いが暴れている旨の電話連絡を受けてかけつけ同被告人が同人方を立去ろうとするのを見るや、これを以て警察官等職務執行法第三条第一項第一号に所謂保護を要する泥酔者と速断し矢庭に同被告人の手を捕えたのであるから、斯の如きは著しく事実を誤認したもので当時の客観状況に照しその誤認は極めて明白であつて一般の見解上到底公務の執行とは認められないから、同巡査においてたとえ職務の執行と信じて為したとしても適法なる職務行為とは謂い難く、従つてこれに対し暴行を加えても公務執行妨害罪が成立する謂われはない。」（福岡高判昭三〇・六・九刑集八・五・六四三。ただし傷害罪の成立を認めている）。

六　職務行為の具体例

以上狭義の公務執行妨害罪における職務行為とその適法性の問題についての判例の傾向を概観したが、いうまでもなく抽象的な職務行為一般というものは存在しないのであつて、現実に公務執行妨害罪において問題となるのは常に、たとえば司法警察職員の現行犯逮捕とか、執行吏の差押というような具体的な行為である。したがつて職務行為に関する判例の動向を明らかにするためには、これらの具体的行為の主要な類型について、どのようなものが職務行為として本罪の保護の対象とされ、またどのような行為が違法なものとして本罪の対象たることを否定されているかということを検討してみなければならない。

（一）警察官の職務行為

警察官は警察法所定の広汎な責務（警二Ⅰ）を負つており、とくに刑事訴訟法の規定によつて司法警察職員としての職務を行う場合には種々の強制処分をする権限を与えられている。したがつてこれらの職務行為、ことに国民ともつとも直接に接触する巡査の職務行為は、もつともしばしば本罪の対象とされるところである。

(1) 逮捕状の執行

（イ）刑訴二〇一条一項の規定によつて行われる逮捕状の執行についてまず問題となるのは、同二〇〇条所定の逮捕状の誤記その他の方式違反が職務行為の適法性にどのような影響を及ぼすかという点である。この点については**四**の（四）(2)において触れた札幌高裁の判決を参照されたい。

（ロ）次に掲げる判決は、逮捕状の執行そのものではなく、逮捕状の執行に際して行われた現場撮影が警察官の職務行為といえるかという点に関するものである。

【31】（事実）昭和二七年十二月二日午前五時頃、国警栃木県本部が外国人登録法違反容疑でSに逮捕状を執行するに当り、後日右逮捕が成規の令状によるものかどうか紛争を生じる場合にそなえるため、寝間着姿のままのSの妻HにA巡査部長が逮捕状を示している現場を、上司の命を受けた巡査部長Kが写真に撮影した。被告人はその撮影を妨げるためにK巡査部長に暴行し、全治五日の打撲傷を負わせた。

（判旨）「本件のような外国人登録法違反事件などにおいては屡々後日公判廷などで逮捕は刑事訴訟法に基く適法な令状によるものでないと被告人側で主張し、かかる点で派生的な紛争が生ずる事例があることは顕著な事実であるから、そうした紛争に具えて予め当該逮捕が成規のものであることを証拠づける意味合において逮捕状呈示の現場を写真に撮影して置くことは時宜に適した方法であつて、それ自体は純粋の公務でないにし

> ても逮捕状の執行という公務に附随しこれに包含される性質のものと解するのが相当である。而してこの事はその逮捕状呈示並びに撮影の相手方が逮捕状の執行を受ける本人である場合は勿論、その家族その他その家にいる者であつても、その者に対する逮捕状呈示は、係官が正当の権限をもつてその場所に来ていることを示す、すなわち職務執行の為にその現場に来て職務に従事していることを現わしているのであるからその情況の撮影も亦前記趣旨においてこれを公務の執行というを妨げないものと解しなければならない。而して（中略）その撮影が正当なる権限の行使と認められる限り相手方においていわゆる肖像権、人格権、名誉権を主張してこれを拒否し又は違法視することは許されないものといわなければならない。本件において（中略）K巡査部長の写真撮影行為は、正当なその職務の執行行為であつて、決してその権限を濫用し又はこれを超越した不当の行為とは解されない。」（東京高判昭二九・一〇・七刑集七・九・一四九四〔研究〕中山研一・論叢六一巻三号一〇四頁は判旨に反対）。

肖像権という観念は未だ熟したものとはいい難いが、本件のように被疑者のみならずその家族についてまで、本人の明示した意思に反して（本件ではHはしどけない寝間着姿であつたので、撮影されることを避けようとして奥の間へ逃げ戻つている）撮影することが「公務に附随し、これに含まれる」ものとして適法視しうるかは疑わしい。

(2)　逮捕状の緊急執行　刑訴二〇一条二項同七三条三項によれば、逮捕状を所持しないためこれを示すことができない場合において、急速を要するときは、被疑者に対し被疑事実の要旨及び逮捕状が発せられている旨を告げて、その執行をすることができる。これが通常、逮捕状の緊急執行と称せられているものであつて、いわゆる指名手配の場合などを始め実務上広く活用されているところである。もとよりこれはすでに逮捕状が発せられていることを前提とするものであるから、緊急逮捕と異つて憲法三三条との関係における違憲の問題は起らないけれども、「急速を要するとき」という要件の存否や、手続履践の有無に関して問題が生ずることがある。

（イ）「急速を要するとき」に当るとするもの

【32】（事実）某会社に勃発した労働争議に関し発生した建造物損壊被疑事件の被疑者Aに対し逮捕状が発せられたので、T警部補指揮の下に、O、M外三名の巡査が、右Aが右工場を出て来るのを待つて右逮捕状を執行すべく工場内外附近各所で待機中、自転車で工場から出て来たAをO、M両巡査が発見したが、逮捕状の所持者と連絡してこれを同人に示す時間的余裕がなかつたので、逮捕状が発せられている旨を告げて逮捕しようとした。右のような情況の下において、折柄Aの求めに応じて工場から馳せつけた被告人等が、Aを奪還するため、O、M両巡査に対し暴行を加えた。

（控訴審判旨）「叙上のような状態こそまさに刑事訴訟法第二百一条第二項第七十三条第三項にいわゆる「急速を要するとき」に該当するものと解するのが相当であり、このように刑事事件の被疑者に対する逮捕状を執行するがごときは司法巡査の職務行為に属すること一点疑がないからその職務執行にあたりこれに対し暴行を加えた以上公務執行妨害罪を構成すること勿論である。」（大阪高判昭二六・七・九最高刑集一〇・三・三〇七）。

（上告審判旨）「司法巡査O同MのAに対する逮捕行為が刑訴二〇一条二項同七三条にいわゆる「急速を要するとき」に当るものであり、従つて右行為を以て職務の執行であるとした原審の判断は正当であるから原判決には所論法令の違反はない。」（最決昭三一・三・九刑集一〇・三・三〇三）。

本件では被疑事実の要旨を告げた形迹がないようであるが、判旨はこの点にはまつたく触れていない。

（ロ）「急速を要するとき」に当らないにもかかわらずなお職務行為として保護に値するとするもの

前掲【4】の判決。

（ハ）被疑事実の要旨の代りに罪名を告げたにすぎないにもかかわらず、職務執行と認めたもの前掲【5】の判決。

⑶　緊急逮捕　刑訴二一〇条一項は、「検察官、検察事務官又は司法警察職員は、死刑又は無期若しくは長期三年以上の懲役若しくは禁錮にあたる罪を犯したことを疑うに足りる充分な理由がある場合で、急速を要し、裁判官の逮捕状を求めることができないときは、その理由を告げて被疑者を逮捕することができる」と規定している。いわゆる緊急逮捕である。

【33】（事実）被告人は昭和二四年三月二七日同二九日の二回にわたり徳島県麻植郡木屋平村山林に生育している棕梠皮合計約七一〇枚（時価九一七円位）を窃取したが、このことにつき同四月六日午前八時頃同村被告人居宅において同人を緊急逮捕しようとした巡査に抵抗し傷害を与えた。弁護人は右緊急逮捕の違憲性を主張して公務執行妨害罪の成立を争つたが、原判決はこれを退け、本件緊急逮捕は正当な職務執行行為であるとした。

（判旨）棄却。「厳格な制約の下に、罪状の重い一定の犯罪のみについて、緊急已むを得ない場合に限り、逮捕後直ちに裁判官の審査を受けて逮捕状の発行を求めることを条件とし、被疑者の逮捕を認めることは、憲法三三条規定の趣旨に反するものではない。」（最判昭三〇・一二・一四刑集九・一三・二七六〇）。

周知のように、刑訴二一〇条は憲法三三条の保障する令状主義の原則に違反する無効の規定ではないかという強い疑が提出されている（とくにこれを強く主張するのは、平場・刑訴法講義三五三頁）。本件大法廷判決はこれに合憲の制定を下した最初のものである。今ここに同条の合憲・違憲を検討するいとまをもたないが、仮にその合憲性を承認するとしても、もとより同条は緊急やむを得ない場合の例外的措置として、その要件はもつとも厳格に解さるべきものである。本件が果して緊急逮捕をせねばならぬような事態であつたかどうかはきわめて疑わしい（本件犯行は比較的軽微で（緊急逮捕の許される最低限の犯罪たる長期三年の懲役にかかる森林窃盗である）かつ単純なものであり、被告人は山村に定住居をもつ農民で逃走の虞も少ない。しかも犯行後一週間ないし十日を経たのちその自宅で緊急逮捕しているのである。裁判官の令状を求める余裕がなかつたとは到底解することができない。）。

これに反して、無銭飲食をして逃走した犯人が犯行後約三十分して発車寸前の列車に乗つているのを緊急逮捕しようとしたのは適法な職務の執行であるとした判決（札幌高判昭二五・六・七時一〇・一四五）は正当であろう。

(4)　現行犯逮捕　現行犯は、犯罪を行つたことが明白であり、しかもその処置が急速を要するから、令状によらぬ逮捕が認められている（刑訴二一二・二一三）。ただし何をもつて令状なしの逮捕の許される現行犯とするかは、刑事訴訟法の規定によつて異なることを注意せねばならない（旧刑訴一三〇・一二四・一二五Ⅰ参照）。

（イ）旧刑訴による現行犯逮捕の例。ただしいずれも日本国憲法施行後（したがつて刑訴応急措置法施行後）のものである。

【34】「現行犯とは現に罪を行い、又は現に罪を行い終つた際発覚したものをいうのであり、そして、現に罪を行いというのは、犯罪行為実行中のことであり、現に罪を行い終つた際とは、犯罪行為の実行々為の終つた瞬間はもとより、その後多少の時間のへだたりがあつても、犯罪行為の行はれた痕跡がまだ明瞭な状態にある場合を指すのであつて、必ずしも犯人が其場所に在ることを要しないものである。原審の認定した事実によれば、原審相被告人Fは同Sと共に昭和二二年六月二六日午後八時頃新潟市の東宝劇場において開催中の諏訪根自子のヴァイオリン演奏会を妨害したので、同人等逮捕の為出張した新潟警察署勤務刑事係巡査I、同Kの為に同日午後八時三〇分頃右劇場前において逮捕されたというのであるが、判文上明らかなる通り右妨害行為の時より逮捕の時までの間は僅か三〇分であり、且つ逮捕の場所は妨害行為の行はれた劇場前である等の点に鑑み、原審において右両巡査が現行犯人逮捕の手続により右Fを逮捕したことは適法なる職務執行であると判定したものであつて、其判定は違法とはいえない。従つて両巡査の右逮捕に際し両巡査を脅迫して、右Fの逮捕を妨害した被告人に対し、公務執行妨害罪として処断したことは当然であるから、論旨は理由がない。」（最判昭二三・一二・一四刑集二・一三・一七五一〔研究〕小野（慶）・刑評一〇巻五七事件、香川・判研二巻八号三七頁）。

【35】「〔証拠〕を綜合すれば昭和二十三年三月七日午後十時半頃新城警察署へ、新城町字西新町ノ三喫茶店

K方に於て被告人が酒を呑み器物を破損する等暴れて居るから即時取鎮に来て呉れとの電話申告により同夜の同署監督者代理司法警察員代理Hは巡査T、Aを直に現場に出張せしめ、次いで巡査Fにも司法巡査として被告人Nに対する現行犯逮捕を命じた。而してT、A両巡査が現場に到着した際には右喫茶店の内部は額縁が毀れる等乱雑になつて居り、被告人は道路に出ていたが、尚お「此の家の親父は人を欺したので徹底的にやつてやる」と云うて居り、其処へF巡査も駆け付け被告人を逮捕せんとしたのである事が認められる。さすれば斯る状況にあつては被告人は正に「現に罪を行い終つた者」というべくT、A、F巡査等が之を逮捕せんとしたのは所謂現行犯逮捕に該るものと認め得るから原判決が右巡査等の所為を公務執行の行為であると認定した事は相当であつて原判決には事実の誤認はない。」（名古屋高判昭二四・一二・二七時四・六〇）。

（ロ）　現行刑訴による現行犯逮捕の例

(a)　かならずしも犯行の現場における逮捕に限らない。

【36】　「現に罪を行い、または現に罪を行い終つた者とは時間的段階における観念で場所的観念ではないから現に罪を行い終つた者がたとい場所的には犯行現場から些少異つた場所に居たとしてもなおこれを現行犯人として取扱い得るものと云わなければならない。」（福岡高判昭二八・六・五特二六・二三、暴行が行われた直後、その現場から約五十五間離れた場所で行われた現行犯逮捕を適法な職務執行とした例）。

(b)　公職選挙法に違反するビラを頒布してから四時間後に犯行場所から二百米離れた犯人の自宅において行われた逮捕行為を違法となした例（傷害罪として起訴されたが、正当防衛として無罪を言い渡したもの。）。

【37】　「被告人は今熊野小学校における選挙演説会において午後八時三十分頃問題のビラを頒布したのであり、警察職員が逮捕に着手したのはそれから四時間後の翌午前零時三十分頃（しかも右学校から約二百米距つた被告人の自宅において）であるから、この時被告人が公職選挙法違反の現行犯人であるとは到底認めることはできない。更に「準現行犯」であるかの点も警察職員が逮捕に際し、その要件である刑事訴訟法第二百十二条第二項各号の事実に関して何等留意しなかつたことが窺われ、右事実が存在するという証明はそれ故皆無で

あるから、この点においてこれに該当せず、「緊急逮捕」に至つては同法第二百十条に明定する通り長期三年以上の懲役若しくは禁錮にあたる罪に限つてこれを為し得るのであるが、本件不法ビラを頒布した公職選挙法違反の罪は右事実に該当しない点において問題とならない。

要するに、本件警察職員の実力行使は刑事訴訟法に定める適法な逮捕行為とすることはできない。検察官は（被告人を逮捕するのが緊急逮捕か現行犯かの問題はあるが）いずれにしても当該警察職員は正当な職務行為であると思つて（現行犯なりと信じて）逮捕したのであつて、これに対して正当防衛は成り立たない旨立論するので、これについて考えれば、固より適法な職務行為であるかどうかは必ずしも常に客観的に判断すべきではなく、場合により経験的立場から一般の見解を基準としてこれを決定すべきものと解されるが、本件逮捕は直に憲法に保障する人身の自由に関する重大事であり、しかも法規の解釈を誤つて現行犯人としての基本的要件を欠如するときは、単にその執行に必要な具体的事実の存否を誤認したような場合と異り、その違法の度合が強度で前記経験的立場からこれを適法職務として容認し得べき余地が存しないのであり、況んや警察職員が本件逮捕に当つて有していた理解確信等の主観的要素の如きは何等これに影響するところがない。

以上の次第であつて、警察職員の本件所為は職務行為の範囲を逸脱した違法な実力の行使であると結論せざるを得ない。」（京都地判昭三〇・四・七判時五一・一三六三）。

職務行為の適法性を決する標準としては折衷説によることを明言しながら、「憲法に保障する人身の自由に関する重大事である」という観点を強調しているあたり、下級審判決ではあるが注目すべきものの一つたるを失わないであろう。

(c)　事実誤認に基く現行犯逮捕を適法な職務執行と認めた例につき、【29】参照。

(5)　不審尋問・職務質問

（イ）　不審尋問　いわゆる不審尋問は、従来行政警察の面における警察官の職務行為の一として、犯罪捜査の端緒をうるためにしばしば用いられたところであるが、その根拠としてはわずかに「怪キ者ヲ見認ムルトキハ取糺シテ様子ニ依リ持区内出張所ニ連行或ハ警部ニ密報シ差図ヲ受クヘシ倉卒ノ取計アル可ラス」という行政警察規則（明治八年太政官達二九号）第三章第二四条をあげうるにすぎず、その要件や方法等はすべて個々の警察官の裁量に任せられていた。次に掲げる判決は、この不審尋問が巡査の職務行為と認められた一例である。

【38】「原審ノ認定シタル事実ニ依レハ被告人等ハ昭和八年八月十四日午後十一時頃青森市合浦公園内ノ小暗キ場所ニ於テ飲酒中偶々巡邏中ノ巡査Nヨリ挙動不審ノ者ト認メラレ取調ヲ受クルヤ憤慨シテ其ノ場ニ於テ同巡査ニ打蒐リ暴行ヲ加ヘタルモノニシテ夜中公園ノ小暗キ場所ニ於テ数名飲酒スル者アルニ際リ巡邏中ノ巡査カ其ノ挙動不審ナリトスルカ如キハ社会通念上相当ノ認定ニシテ此ノ認定ニ基イテ取調ヲ為スハ治安警察上犯罪ノ発生ヲ予防監視スル巡査ノ職務行為ナリト認ムヘキモノトス」（大判昭九・二・一刑集一三・三四）。

最高裁判所発足後も、「巡査が挙動不審の者に対して訊問し、若し現行犯と認められればこれを逮捕することはその職務である」との判決（最判昭二四・六・七同年（れ）九三号）があるが、これは次に述べる警察官等職務執行法が施行される以前の事件についてのものである。

（ロ）　職務質問　不審尋問は、犯罪の予防や発見に大きな役割を果したが、他面その法的規制がなきに等しかつたので、ややもすると濫用のそしりを免れず、人権保障の上に欠けるところが大きかつた。そこで戦後警察制度を全面的に改革した警察法（昭和二二年法一九七号、同二三・三・七施行。昭和二九年法一六二号による改正以前のもの）の施行後日ならずして制定された警察官等職務執行法（昭和二三年法一三六号、同二三・七・一二施行。昭和二九・七・一以降「警察官職務執行法」と改称）は、これをなしうるための要件やその方法、限界等について厳重な枠を設けた。いわく「警察官は、異常な挙動その他周囲の事情から合理的に判断して何らかの犯罪を犯し、若しくは犯そうとしていると疑うに足りる相当な理由のある者又は既に行われた犯罪について、若しくは犯罪が行われようとしていることについて知つていると認められる者を停止させて質問することができる」(I二)、「その場で前項の質問をすることが本人に対して不利であり、又は交通の妨害になると認められる場合においては、質問するため、その者に附近の警察署、派出所又は駐在所に同行することを求めることができる」(II二)、「前二項に規定する者は、刑事訴訟に関する法律の規定によらない限り、身柄を拘束され、又はその意に反して警察署、派出所若しくは駐在所に連行され、若しくは答弁を強要されることはない」(III二)。これがいわゆる職務質問である。本法施行後八年余を経た今日、職務質問の正当性の限界をめぐつて公務執行妨害罪の成否が争われる事例が多く、判例も比較的豊富であるので、やや詳細に検討してみたい。ただし、職務質問については、微妙な事実関係の差異によつて結論が左右されることが多く、一般的な類型化はきわめて困難であることを銘記しておかなければならない。

(a)　質問のために停止させるのにある程度の実力を加えることも正当な職務行為であるとするもの

【39】　「警察官が異常な挙動その他周囲の事情から合理的に判断して不審者と認めた者に対し職務質問のため停止を要求してもその者がこれに応じなかつた場合これを停止させるに妥当な方法によつて、その者の行動を停止させることは、警察官がその職権職務を忠実に遂行するために必要なことで、具体的に妥当な方法と判断される限り暴行に亘らぬ実力を加えることも正当性ある職務執行上の方法と謂わなければならない。本件においてて原判決の引用した証拠に現われている被告人のI巡査から職務質問を受けた現場の状態は、時刻は判示の日の夜十一時過ぎであつて、現場附近にはほかに通行人なく、当夜は雨降りであつたが小降りながらもまだ

やんでいない中を、よい風態でもない被告人等は雨具も持たず風呂敷包を小脇にして急ぎ足で通りかかり、それにI巡査等は当夜警邏に先だち函館市内に窃盗事件が発生して本署から非常警邏の指示を受けて居た際であつたから、I巡査等が被告人等の挙動に対し或は何らかの犯罪を犯し若しくは犯そうとしているのではないかと疑うに足りる相当な理由があつたものと謂わなければならないしそれを質問しようと呼びとめても被告人等は一回目は振り向きもしない、二回目には一寸振り向いただけで歩行を続け、三回目に停つたが、同巡査等の質問に対して梁川町へ行くと言うただけであとは答えようともしない、小脇にかかえた風呂敷布包については、お前なんかに見せる必要はないと突ぱね、疑を深めた同巡査らがなお質問しようとして薄暗いその場から近くの街燈の下まで来てくれというと、被告人は逃げようとする気配が現われたので、I巡査が被告人の右肩に左手をかけたところが、被告人は闘争的な態度で手を振り廻してI巡査の顔面にうち当てそこから逃走したが格闘の上で捉まつたという次第であるから、I巡査が被告人の肩に手をかけた行為は同巡査の職務質問に反抗的で、且つ逃げようとする被告人を停止させて質問しようとする職務遂行上の妥当な方法として用いられたもので、その場においての職務執行上の正当な方法であつて、これによつて同巡査の被告人を停止させて質問した職務の執行を違法とならしめるものではない。」（札幌高函館支判昭二七・一二・一五刑集五・一二・二二九四。最決昭二八・五・一九同年(あ)四八九号で上告棄却。なお第一審函館地判昭二七・九・一は、巡査が肩に手をかけた行為は「職務執行の正当範囲を超えた違法のもの」であるといいながら、被告人の正当防衛の主張を退け、公務執行妨害罪ならびに傷害罪の成立を認めている。）。

【40】　「〔警察官職務執行法二条により〕同行を求める場合、その者を停止させてその事情を告げることも亦許されるものと解すべきである。そして、これらの停止というのは強制力を加えて停止させることを認める趣旨でないこともちろんであるが、同法の立法趣旨に鑑みれば、およそ停止させるということは、単に言語のみによるべきであつて物理的方法によることはすべて許されないものと解すべきではなく、言語による場合でも語調や態度の如何によつては許されないことがあり得ると同時に、物理的方法であつても、少くとも注意を促し又は翻意を求めるために単に身体に手をかける程度のことは、それが強制にわたらない限り許されるものと解するのが相当である。同法条第三項はその意に反する連行の許されないことを明らかにしているが、相手に同行を求める事情を告げて納得させ翻意を求めるために相手を停止させる措置をとることも、右に述べた限界

を逸脱しない限り、右第三項の趣旨に反するものではないと解すべきである。
本件において前叙認定の次第で、O巡査が被告人の左手肘の辺を押さえて一寸引いたのは、被告人に同行を求める事情を告げて納得させ翻意を求めるために被告人を停止させる措置としてとられたものであること、同巡査が被告人の左手肘の辺を押さえた程度はさして力の入ったものではなく、翻意を求め注意を促す限度に止まり強制にわたつたものとはみられないことが認められる。されば、同巡査のとつた措置は多少行き過ぎの譏りを免れないとしても、警察官としての職務行為の範囲内であ〔る〕。」（仙台高判昭三〇・一〇・一三高裁特報一・一九・九九八）。

本件は被告人が任意同行の要求に対し逮捕状がなければ行かないと明示的にこれを拒否して行き過ぎようとしたのになおも執拗に追随し判示のような方法で停止させようとしたものであつて、任意処分としての職務質問の限界を超えたものではないかと思われる。

(b)　応答ないし同行を拒否して立去ろうとする者を追跡することも正当な職務行為であるとするもの

【41】（控訴審判旨）「Y、S両巡査が（中略）被告人の服装、年齢、態度、携帯品などから推して当時戸塚署管内に頻発していた窃盗事件に関係がありはしないかとの疑を抱いたことは警察吏員としてはまさに当然であり、更にその所持に係る風呂敷包みの内容について呈示を求められるや俄かに歩きはじめ更に逃げ出す等の異常の態度を示すに至つたため両巡査において益々犯罪を犯した者ではないかとの疑念を強くし停止を求めるためにその跡を追いかけたことは極めて当然の成行であり追跡という行動は単に逃走する相手方の位置に接近する手段として必要な自然な行動であつてかかる手段をもつて強制又は強制的手段とは認められないことは勿論であり、またこれをもつて逮捕行為と目すこともできない。」（東京高判昭二九・五・一八最高刑集八・一三・二四四六）。

（上告審判旨）「原判決の認定した事実関係の下における法令解釈に関する判示は正当である」（最決昭二九・一二・二七刑集八・一三・二四三五）。

【42】（控訴審認定の事実）「被告人は昭和二十七年七月二十三日午後九時頃名古屋市中村区中村公園内千成池遊園地において外三名の者と密談中のところ折から犯罪捜査の為警羅中の名古屋市中村警察署勤務巡査O同Yの両巡査から挙動不審者として職務質問を受け、被告人の所持品につき応答中、最寄の中村公園派出所まで同行方を求められるや突如その場を逃走したので両巡査が之を追跡し、右千成池西側橋詰において被告人が転倒した際追ついた右両巡査が更に職務質問をしようとして近寄つた途端被告人は矢庭に右両巡査を足蹴にして暴行を加え因つて」右両巡査に擦過傷を負わせた。

（第一審判旨）「被害者等が最初質問をした場所はあまり人も居らず、時刻も夜でしかも被告人の所持品が女のハンドバックらしく感ぜられたため被害者に於て被告人等が特別傷害事件の犯人ではないかと考え職務質問をしたものである（中略）から被害者等の職務質問は警察官等職務執行法第二条に照し一応正当なものと認められる。しかし警察職員と謂えども刑事訴訟法等相当な根拠のない限り答弁を強要することができないことは同条第四項に照し明白であるから警察職員は宜敷くその法意を体し苟くも被質問者に対し強制がましき態度に出ない様十分注意をなすべきものなること勿論である。しかるに本件に於て被告人は被害者の質問に対し答弁を峻拒したこと右認定のところより明白であるから被害者はこの程度に於て質問を打切るべきであつたのに被告人が逃走したからといつて之を追跡し被告人が転倒するや更に質問を続行し、暗に答弁を強要するが如き態度に出たのは到底職務行為とは認められない。」（名古屋地判昭二八・三・三最高刑集九・九・一九一四。公務執行妨害罪は無罪とし傷害罪だけを認めた。）

（控訴審判旨）破棄自判。「O、Y両巡査が前記の如き職務を帯びて警羅中前記認定の如き日時場所において被告人外三名の者が密談しているものと認められる情景を現認した以上警察官として当然前記特別傷害事件の犯人又はその他何等かの犯罪を犯し若しくは犯そうとしているものではないかとの推定の下に職務上必要ありと認めて疑いの有無を明確にする為職務質問を為し得ることは勿論である。（中略）凡そ警察官の職務質問に対し、被告人が自己の氏名を秘して語らず、且その所持品につき前叙の如き応答を為し警察官をして疑いを氷解せしむるに足る答弁を為さず却つてその疑惑を深めるが如き瞬昧な言辞を構え、所持品の呈示を拒み、最寄派出所への同行を肯んぜず、あまつさえ所持品を携帯した儘突如その場を逃出すが如き挙動に出でればその行動自体明かに異常なる挙動であると認めざるを得ない。(中略) 被告人は前記認定の如き情況下において突如その場を逃出したのであるから、之を見たO、Yの両巡査が、その時刻、場所、問答の経過等周囲の状況から合理的に判断して被告人が前記特別傷害事件の犯人又はその他何等かの犯罪を侵し若しくは侵そうとして居る者ではないかとの疑いを抱き被告人が逃出すと云う異常の挙動に出たのは之が為であると直感することは社会通念に照し極めて自然で且相当の判断と認められる。

この場合両巡査は同職務執行法第二条第一項の法意に従い被告人を停止させて質問することが出来るものと解すべきであると同時に反面その本来の職務権限に照し之を為すことがその職責であると謂わなければならない。(中略) 或種の犯人ではないかとの疑を持たれた被告人が逃走したからと云つて質問を途中で打切りその逃走し行く姿を唯慢然と拱手して見送り何等の措置を講ずべきでないと謂うが如きは警羅中にある警察官としてその重要な任務と職責を忠実に遂行したものと云うことは出来ない。而して逃走する被告人を停止させて質問を続行する為には必然的に被告人の走る速度に順応してその跡を追かけることは普通の場合最も通常の手段と謂わなければならない。即ち追跡なる行動は単に逃走する被告人の位置に接近する手段として必要な自然の行動であつて追跡なる行動自体を目して強制又は強制的手段であるとは考えられない。又被告人が疾走中転倒したのは偶然の出来事であつて決して警察官が期待した出来事でもなく、況して警察官の打撃に由来した出来事でもない。偶々被告人が転んだ機会に右両巡査が被告人の位置に接近しO巡査が被告人に対し逃げる理由を発問したに過ぎず、之を目して答弁を強要したものと観ることはできず、その外両巡査が被告人に対し何等強制又は強制的と認められる実力行使に出でた形跡はない。従つて両巡査の行為は固より職務行為として適法であると謂わなければならない。」(名古屋高判昭二八・九・二〇 最高刑集九・九・一九二〇)。

(上告審判旨) 棄却。「巡査から挙動不審者として職務質問を受け派出所まで任意同行を求められた者が突如逃走した場合に、巡査が更に職務質問をしようとして追跡しただけでは、人の自由を拘束したものではなく、巡査の職務行為として適法であること原判決の説示するとおりである。」(最判昭三〇・七・一九 刑集九・九・一九〇八)。

本件でとくに指摘されなければならないのは、夜の九時頃公園の中で質問をすることが任意同行を求めるための要件であるところの「その場で質問をすることが本人に対して不利であり、又は交通の妨害になると認められる場合」とはいいえないのではないかということである（第二審はもちろん第一審判決もこの点には触れていない）。この要件をみたしていないにもかかわらず単なる取調の必要から同行を求めることは明らかに不当である。

(c)　次に掲げるのは、一三〇米も追いかけたうえ実力をもつて停止させた事例であつて警察官の態度ももつとも執拗であり、正当な職務質問の限界内であることがきわめて疑わしいものである。

【43】（控訴審認定の事実）　「被告人は昭和二十七年九月二十四日午前零時十五分頃愛知県西春日井郡清洲町大字西田中国道十二号線路上朝日巡査駐在所南方竹県飲食店前附近において折から犯人捜査及選挙取締のため警羅中の同県西春日井地区警察署勤務巡査M、同Sの両名より挙動不審者として職務質問を受け更に右巡査駐在所に任意同行の上その所持品等につき質問中同日午前一時三十分頃同駐在所の電話のベルが鳴り同駐在所に来合せていた同警察署勤務巡査Hがその電話の受話器を手にするや突然表道路に飛出して逃走したので同巡査がこれを呼び止め更に職務質問をなさんとしてこれを追跡し同駐在所より約百三十米南方の同町大字国道十二号線路上において追つき背後より「何うして逃げるのか」と言いながら被告人の腕に手をかけた刹那被告人は後に振向くや否や矢庭に同巡査の顔面等を手拳で殴打し又は足蹴にして暴行を加へ格闘するに至つたため」同巡査に擦過傷を負わせた。（第一審の認定事実もおおむねこれと同様であるが、巡査を足蹴にした点については証拠がなく認められないとしている。）

（第一審判旨）　無罪。「そこでH巡査の職務の執行が適法であるかについて考えると、被告人が前記駐在所より逃げだしたのはそれ以上の職務質問を拒否したためであり、同巡査等も前後の事情からこのことは理解し得たはずであること、しかも前記証人M、同Hの各供述によると、第一、二回の職務質問により被告人の氏名、年令、職業、住所等が明らかになつており、又被告人を現行犯人若しくは緊急逮捕を要する犯人と認めるべき理由もなく、同巡査等もそのように認めていないことが認められるから、同巡査等は最早引続き被告人に対し職務質問を実行し得べきではなく、（このことは刑事訴訟法第一九八条第一項但書の趣旨からも明らかである）いわんや実力を行使し得ないことはいうまでもない。然るにH巡査は懸命に逃げる被告人を約一三〇米追つて追いつき、同人を引止めようとしてその体に手をかけ逮捕的行為に出たのであるから、右は適法な職務行為の範囲を逸脱し、違法である。而して違法な職務行為は之を公務の執行と解することはできない（仮に同巡査が適法な職務行為と理解していたとしても同じである）。」（名古屋地判昭二八・五・六最高刑集八・七・一一四一、正当防衛を認めたもの）。

（控訴審判旨）破棄自判。「M、Sの両巡査が（中略）職務質問を行つたことはその措置極めて妥当であり（中略）被告人は（中略）その所持せる鞄内の書類について殊更その一部の呈示要求を拒否してこれに応じなかつた（中略）が若し被告人において前段叙説の理由から警察官の任務や職責の重要性に対し深甚なる認識や理解を持ち又自ら何等咎むべき疚しいところがなかつたとすれば快く進んでその書類の全部を提示且つ開披して積極的に警察官の抱く疑念を解くの態度に出でるのが相当であると思料し得るに拘らず強いて拒否の態度に出たことは甚だ遺憾なことであると共にこれがために却て警察官の疑念を刺激し更に一層これを深からしめるに至つたことは事物自然の辿るべき過程であると考察し得るのみならず、被告人が前記認定の如き状況の下に突然隙を見てその場から脱兎の如く逃出したのであるからこれを見たH巡査が右両巡査の職務質問の推移経過に鑑み且つ突然逃出すという異常な挙動を目撃して何等かの犯罪を犯したものではないかとの疑念を抱懐するに至つたのも亦社会通念に照して極めて自然なことである。（中略）従つてH巡査が他の巡査の職務質問を続行し又自らの疑念のため職務質問を行うことは許されて然るべきであり、そのためには同執行法第二条第一項の法意に従い逃走する被告人を停止させてこれが質問をすることができるものと解すべきであると同時に又これをなすことが却てその忠実な職務の遂行であるとも謂い得るのである。尤も斯かる場合停止させる必要な手段方法は客観的に妥当であると判断される適切な手段方法を選ぶべく、決して暴行に亘るべき態度に出ずべきでないことは勿論のことであるが斯かる手段方法である限り多少の実力を加えることも正当性のある職務執行上の方法であると謂はなければならない、原判決はH巡査が被告人を約百三十米追かけその身体に手をかけた行為を目して逮捕的行為であると認め適法な職務行為の範囲を逸脱していると判断しているけれども、その距離の如何に拘らず停止を求めるためにその跡を追かけることは事物自然の要求する通常の手段方法であつて、客観的に妥当なものであると認むべくこれを目して強制又は強制的手段であるとは到底考へられないところであるし又同巡査が被告人の背後より「何うして逃げるのか」と言いながらその腕に手をかけたことも任意に停止をしない被告人を停止させるためにはこの程度の実力行為に出でることは真に止むを得ないことであつて正当な職務執行の手段方法であると認むるを相当とする。固よりこの程度の実力行為は刑事訴訟に関する法律の規定によらない限りなし得ない逮捕行為に該当するものではない。」（名古屋高判昭二八・一二・七、最高刑集八・七・一二四四）。

（上告審判旨）　棄却。「原判決の認定した事実関係の下においては、原判決の判示は正当であ〔る〕。」（最決昭二九・七・一五刑集八・七・一一三七）。（本件に関する研究として、第一審判決につき熊倉「職務質問と正当防衛」労働法律旬報一三一号三頁は判旨賛成、団藤・判例時報三号二頁は批判的、上告審決定につき、吉川正次・法学新報六二巻四号八四頁は判旨賛成。なお小野(慶)「刑法の解釈と裁判所」法律時報二八巻三号五八頁参照）。

これらの有罪を認めた判決を通じてうかがいえられることは、職務質問として許される範囲が余りにもルーズに解されているのではなかろうかということである。ことに職務執行法が被質問者は答弁を強要されることはなくまた意に反して連行されることはないと保障しているにもかかわらず、被質問者が警察官に満足のゆく答弁を与えぬことがあたかも不当な態度でもあるかのような口吻をもらしたり（とくに〔42〕〔43〕の控訴審判決）、被質問者が言語または態度をもつて明らかにこれを拒否する意思を示した場合にも、なお「警察官の良識と叡智を傾け臨機適宜の方法により或は注意を与え或は飜意せしめて本来の職責を忠実に遂行する為の努力を払うのが寧ろ警察官の職務である」（〔42〕の控訴審判決。〔41〕の控訴審判決も同旨。）として警察官の執拗な態度を擁護激励したりする如きは、公共の福祉の名のもとに、個人の基本的人権を侵害する危険が濃厚ではなかろうか（〔43〕の控訴審判決は「警察官が現実の事態に対してその職権職務を遂行するに際つては個人的人権と公共の福祉に対する理解と確信の乏しきことから、ややもすれば徒らに人権擁持の声に怯え、そのなすべきをなさずして卑屈退嬰に流れ、消極的態度に終始してその職権職務の忠実なる執行を忽せにすることなきを保し難いのであつて若し斯かることがあるとせばこれは軈てその職責の曠廃を招くのみならず却て国民の自由及び権利等憲法の保障する基本的人権の伸張を阻み公共の福祉を危殆に導き、憲法の理想とする民主主義の基盤を動揺せしめるに至る虞れがあると謂わねばならない」という警察官に対する精神訓話のような説示をさえしている。）。中でも【43】の事件のように、深夜一時間以上の長きにわたつて道路や駐在所に止めておいて質問し、所持品を無理に開披させたり（職務執行法二条一項の質問が、所持品の内容の呈示をまで含むかは疑問である）して取り調べたうえ、被告人が逃げ出したからといつて、それまで質問に関係のなかつた別の巡査がこれを百三十メートルも追跡するというようなことは明らかに任意処分の限界を超えたものといわなくてはならない。これをしも職務執行法による正当な職務執行であると強弁する判旨には賛成できない（この判決に対する最高裁調査官室の解説（法曹時報六巻九号一三七頁）は、本件巡査の行為を逐一仔細に検討したうえその適法性に深刻な疑問を提出し、「本件警察官の行動を極言すれば、一時間以上もあれこれといびりちらして相手を困惑させ、相手がたえかねて何らかの挙動に出れば、積極的な反撃であれ消極的な逃避であれ、それを口実にして「公務執行妨害の現行犯」として逮捕するということにもなりかねない。これでは国民は全く浮ばれないと思う」とまでいつている。判例「批判」ではなく「解説」という名のもとに、しかも当の最高裁の調査官の執筆になつたものであることを考え合わせるとき、判旨に対する最大限の反対の意見の表明として、特筆に値する。なお本件第一審の無罪判決に批判的な団藤教授も「本件で巡査たちのとつた措置が――たとえ法の許す範囲内だとしても――行きすぎだという印象はおおうべくもない」とされる（判例時報三号二頁）。）。

(d)　次に職務質問が職務執行法の許容する範囲を逸脱するものとして、これに対する反抗を正当防衛と認めた例をあげよう。いずれも地方裁判所の判決であつて、前掲【42】【43】の第一審判決とともに、第一審において正当性の限界を厳格に解しようとする傾向がより強いことは注目に値する。

【44】（事実）　警邏中の京都市警巡査YおよびAが、パチンコ屋前電車道路を札束をもつて横断する被告人を認め、パチンコ景品の煙草を買集めているのではないかと不審を抱き職務質問をしたところ、一応右嫌疑は薄くなつたが、なお何らかの犯罪を犯しているのではないかとの疑があるものとして本署まで同行を求め、拒絶されるや無理に同行を求めようとして約百米離れた地点まで手を引張つて連行し、被告人が坐りこんだので巡査がその手を後に捩じ上げY巡査が胸許を摑んで引張りなお連行しようとした。被告人はこれを排除するためA、Y巡査の右手に噛みついて咬傷を与え、傷害罪として起訴されたが、京都地裁は次のように判示して被告人の正当防衛を認め無罪を言い渡した。

（判旨）「A、Y両巡査が被告人に疑をもち住所氏名職業等について質問をしたこと、尚何らか犯罪を犯しているものではないかとの疑が晴れぬので本署に同行を求めたことは、警察官等職務執行法第二条により合法的な行為であるけれども、同行を求めて被告人の拒絶にあつたときは、場合によつては多少の実力の行使は許されるが、出来るだけ穏便に説得し、納得させた上同行を承諾さすべきであつたのに、被告人がチューインガムの箱を整理してから行くというのに、その機会をも与えようとせず、性急に同行を求めて実力を行使したことは明かに右条項に定むる範囲を逸脱したものといはなければならない。」（京都地判昭二九・九・三〇判時三五・八八二）。

【45】（事実）被告人は昭和三〇年四月二六日午後一一時三〇分頃広島市千田町三丁目路上において警邏中のA巡査から職務質問を受けたが、氏名を黙秘し所持の鞄内の調査を拒否したので同行を求められて巡査派出所へ向う途中、右折して同巡査より逃れようとしたところ、同巡査はこれを引止め、鞄内を調査させるか、さもなくば派出所に同行するかと迫つた。そこで被告人は一応鞄を開いたが十分調査させなかつたのでA巡査はあくまで派出所に同行を求めた。被告人は止むをえず再び同行して約十米程歩いたが、所持していた友人達の住所氏名記載のメモから同人等に迷惑がかかることを恐れ（被告人は日本共産党員）、そのメモを嚥下しようとして口に入れたところ、同巡査がこれを制止しようとして被告人の首のあたりにつかみかかり実力行使の挙に出でたので、被告人がこれに反抗して格闘となり、同巡査に全治五日の右拇指捻挫傷を負わせた。

（判旨）被告人は無罪。「本件被告人の職務質問を受ける直前の挙措並当時の周囲の状況を以つてしては未だ被告人が警察官職務執行法第二条第一項に謂う何らかの罪を犯し又は既に行われた犯罪について知つていると認められる要件を充しているとは到底認め得られない。（中略）本件現場は夜間且人通りなく交通妨害の虞は更になく、而もその場で職務質問を受けることが、本人にとつて不利である事情は全証拠によるも認め難く、却つて（中略）其の帰宅の途上、派出所に寄ることこそ被告人には不利且迷惑至極であつたことが認められる。（中略）警察職員と雖も苟くも人の身体に強制力を加え或るいは之を拘束するについては原則として司法官憲の発する令状を必要とするのであつて之が例外は緊急逮捕及び現行犯逮捕しか許されていないのであつて之が解釈の厳重を要すること勿論である。本件被告人の前記紙片を嚥下せんとした所為は、稍奇異に属するとは云え前認定の如く被告人に何等具体的に犯行を疑うに足る事実情況の存せざる以上之が如上例外の要件に該当しないことは明白であつて右被告人の行為阻止の為に実力を行使することは法の許さざるところと謂わざるを得ないのである。然るにA巡査はこれを引止めんとして被告人の首等に摑みかかり実力行使に出たのであるから右は適法な職務行為を逸脱した違法の措置と謂うの外はない。」（広島地判昭三〇・九・一三判時六八・一八一四、なお第二審広島高判昭三一・五・三一高裁特報三・一二・六四二は、最初の職務質問は警察官として当然の行為であること、再度の同行要求は失当たるを免れ難いが結局被告人が同行を肯んじたのであるから同行それ自体かならずしも違法とは断定し難いこと、紙片嚥下は異常な挙動であつて之を制止するためにとつた実力行使の程度方法も敢て非難するに当らないから、A巡査の措置は「一応職務行為とみるべきであ」るといつて原審の正当防衛の認定を退けながら、「被告人の右行為はA巡査に暴行を加えその職務執行を妨害する意図に基いてなされたものとは到底認められず、寧ろ自己防衛本能に根源する無意識下の反射的挙動と認定するのが相当である。而して本件の発端からの前認定の事情を加え本件を全体的に考察するに被告人の行為は法的に非難するに値しないものと解せられる。結局本件については暴行、公務執行妨害の犯意の証明不十分と認めるを相当とする」といつて原審の無罪を維持した。）

(e)　なお、職務質問は犯罪予防のためのみならず、犯罪捜査のためにも行うことができるという判決がある（大阪高判昭二九・四・五特二八・一一五）。

(6)　任意同行　いわゆる任意同行は、現在では、前述の警察官職務執行法の規定による場合以外は許されないものと解すべきであろうが、かつては、警察官の正当な職務行為としてさかんに用いられたところである。

【46】　巡査が泥酔者を「当該行政官庁ニ於テ行政執行法ニ依リ検束ノ必要アルヘキモノト認メタル為メ（中略）承諾上所属警察署ニ同行スルハ巡査ノ正当ナル職務ノ執行ニ外ナラサルヲ以テ之ニ対シテ暴行ヲ加ヘタルトキハ刑法第九十五条ノ公務執行妨害罪ヲ構成ス」（大判明四二・一二・一六刑録一五・一八三七）。

【47】　「行政執行第一条ニハ行政官庁ハ暴行闘争其ノ他公安ヲ害スル虞アル者ニ対シ之ヲ予防スル為必要ナルトキハ検束ヲ加フルコトヲ得ル旨規定シ又行政警察規則ニ依レハ巡査ハ警察ニ関シテハ一般的権限ヲ有シ怪シキ者ヲ見認ムルトキハ取糺シテ之ヲ連行スル事ヲ得ル旨定メアルカ故ニ巡査カ挙動不審者トシテ取調ヘ警察署ニ同行シタル者カ逃走シ公安ヲ害スル所為ニ出ル虞アリト認ムルトキハ之ヲ予防スル為必要ナル検束ヲ加フルコトヲ得ヘク其ノ検束ノ必要上之ヲ追跡シ警察署ニ同行又ハ引致シ得ヘキコトモ亦当然ノ事理ニ属ス今原判

決ヲ閲スルニ其ノ判文措辞精確ナラサルモノアリト雖其ノ趣旨トスルトコロハ其ノ引用証拠ヲ参酌スレハ被告人ハ判示経緯ノ如ク栃木県巡査Nヨリ挙動不審者トシテ尋問ヲ受ケ判示警察署ニ同行セラレタル処被告人カ逃走シタルヨリ同巡査ハ右行政執行法ノ規定ニ基キ被告人ヲ検束スルカ為之ヲ追跡シ同警察署ニ同行ヲ求メタルニ被告人ハ同巡査ニ打掛リ同巡査ノ職務執行ヲ妨害シ更ニ同巡査カ被告人ヲ警察ニ引致セントシタリト謂フニ在ルカ故ニ同巡査ノ措置ハ正当ナル職務行為ナルコト明白ニシテ之ニ対シテ判示ノ如ク抵抗格闘ニ及ヒタル被告人ノ所為カ公務執行妨害ノ罪ヲ構成スルコト亦論議ヲ容ルル余地ナキトコロナリ」（大判昭一六・一〇・九評論三一刑法一七）。

ただし当時といえども、承諾なくして強いて同行する如きはもちろん違法である。

【48】「抑モ司法警察官ノ命ニ依リ巡査カ捜査上取調ノ点アリテ其指名者ノ承諾ヲ得テ之ヲ目的ノ地ニ同行スルカ如キハ法ノ禁セサル処ナレトモ之ニ反シ令状ナクシテ其人ヲ逮捕シ又ハ其承諾ナキニ強テ之ヲ同行スルカ如キ法ノ許ササル処ナリトス本案ノ事実ハ縦シヤ当初被告ノ承諾上同行シタリトスルモ其中途ニ於テ同行ヲ避ントシテ其巡査ニ抗拒シタルモノナル事ハ判文全体ニ依テ明カナレハ被告ハ終始甘諾シテ同行シタルモノト云フヲ得ス去レハ巡査カ現行犯ニ非サル被告ニ対シ強テ同行シタルカ如キハ所謂職権外ノ行為ニシテ法律規則ノ執行ト云フヲ得サレハ其行為ニ対シ為シタル抗拒ハ別ニ一罪ヲ構成セス」（大判明二七・五・一八刑録明二七年一七九）。

また同行に際して暴力を行使することも許されない。

【49】「K巡査カ被告Sヲ巡査駐在所ニ同行セントスルニ際シ同人ノ胸襟ヲ扼シ之ヲ締付ケタル行為ハ其職務執行ニ随伴シタルモノナルモ其ノ正当範囲ニ属セ〔ス〕」（大判大七・一・二二新聞一三七三・二七。ただしそれは「多少職務執行ノ方法常軌ヲ逸シタルニ過キス」、これに対する反抗を過剰防衛として有罪を言い渡している）。

(7)　犯罪の予防及び制止　職務執行法五条は、「警察官は、犯罪がまさに行われようとするのを認めたときは、その予防のため関係者に必要な警告を発し、又、もしその行為により人の生命若しくは身体に危険が及び、又は財産に重大な損害を受ける虞があって、急を要する場合においては、その行為を制止することができる」と規定している。この警告・制止に際してある程度の実力を使用することが許されるかが問題とされる。

（イ）警告の方法として警棒を使用することも許される。

【50】「警察官等職務執行法第五条の警告はまさに犯罪が行われようとしている場合にその予防のため関係者に発せられるものであるから、必要であると認められる場合においてはその事態に応じ合理的に判断して臨機適宜の方法が採用されなければならない。従つて必ずしも文書又は口頭のみに限定せられる理由はないのである。必要ある場合には行動によつて警告を発することも相当であるといわなければならない。」（大阪高判昭二七・三・二二特二二・八六）。

（ロ）実力をもつてピケッティングを解散させることも制止の方法として許される。

【51】制止することができるというのは「人の生命身体に対し危険を及ぼし或は財産に対し重大な損害を与える虞がある行為を事実上の行動により抑止し停止することができる旨を定めたものであるが、右にいわゆる抑制乃至停止とはかかる虞危険行為の一部乃至全部をその必要な限度において実力を以て排除することをも包含する趣旨と解するのが相当である。」（福岡高判昭二八・一〇・一四刑集六・一三六六）。

(8)　その他

（イ）（旧）行政執行法二条による邸宅の立入

【52】「巡査カ同僚ヨリ巡邏中酔漢ノ抵抗ヲ受ケ之ニ反撃ヲ加ヘタルトコロ酔漢昏倒死亡シタリトノ電話報告ヲ受ケ事情取調ノ為急遽現場ニ向フ途中被害者カ既ニ他人ノ住居ニ収容セラレテ横臥シ家人ヨリ介抱ヲ受ケツツアリテ意識恢復セルヲ瞥見シタルノミニテハ右報告情況ニ徴シ被害者ノ容態ノ推移遂ニ逆睹シ難ク其生命ニ対スル危険切迫セル状態ニ在リト認ムルハ社会通念上当然ノ事理ニシテ苟モ被害者ノ生命危険ニ瀕スト認メタル以上速ニ適宜ノ処置ヲ講シテ之ニ保護ヲ加フルハ行政警察上巡査ノ将ニ採ルヘキ職務ナリト謂フヘク之レ

カ為ニハ日没後住居者ノ意思ニ反シテ其邸宅ニ入ルヲ得ヘキコトハ行政執行法第二条第一条行政警察規則第一条等ノ規定ノ趣旨ニ照シ明カナルトコロナリ」（大判昭一七・七・一同年(れ)六七四号）。

（ロ）　拉致される疑のある芸妓の救護の有無の取調

【53】「巡査カ停車場警備中芸妓カ酔漢ノ為連行カルル情報ヲ得タル場合ニ於テハ之ヲ救護ノ有無ニ付取調ヲ為スカ如キハ其ノ職務ノ範囲内ナリトス蓋行政警察規則ヲ通覧スルニ巡査ハ警察ニ関シテハ一般的権限ヲ有シ社会公共ノ秩序ニ影響ヲ及ホスヘキモノト認メタルトキハ秩序維持ノ任務ヲ有スル当然ノ結果トシテ之カ取調ヲ為スヘキ職責ヲ有スルコト明ナレハナリ」（大判昭一二・三・三刑集一六・二三一）。

（ハ）　違警罪即決言渡書の送達

【54】「違警罪即決例ニ依ル即決言渡書ノ送達方式ニ付テハ特別ノ規定ナキヲ以テ同即決例ト密接ノ関係ヲ有スル刑事訴訟法ノ第八十条ノ精神ヲ参酌シテ送達ヲ施行スルヲ相当トス従テ即決言渡書ノ送達ヲ施行スル吏員カ受取人ノ受取ヲ証スル為受取人ノ捺印ヲ要求スルカ如キハ寧ロ妥当ノ方法ニシテ之ヲ目シテ違法ナリト称スヘキモノニ非サレハ所論ノ如クU巡査カ即決言渡書ノ送達ニ際シ受取人タル被告ニ対シ其ノ捺印ヲ要求シタルハ該言渡書ノ送達ノ施行トシテ何等ノ違法アルモノニ非スシテ送達吏ノ職務ヲ行フU巡査ノ職務ノ範囲ニ属スルモノト云フヘシ故ニ同巡査ノ右職務執行ニ当リ原判示ノ如ク同巡査ニ対シ脅迫又ハ暴行ヲ加ヘ之ヲ妨害シタル本件被告ノ行為ハ公務執行妨害罪ヲ構成スヘ〔シ〕」（大判大一四・七・二三刑集四・五〇二）。

（ニ）　酌婦の身元調のための戸籍簿閲覧

【55】「酌婦ノ身元調ヲ為スコトハ酌婦ノ身上ニ関スル行政警察事務ノ取扱トシテ当然警察事務ノ範囲ニ属スルヲ以テ巡査ニ於テ酌婦ノ身元調ヲ為ス目的ヲ以テ村役場ニ就キ戸籍簿ヲ閲覧スルコトモ亦巡査ノ職務ノ執行ニ外ナラス（行政警察規則第三章第五条参照）」（大判大一二・一一・一五刑集二・七九〇）。

（二）　収税官吏・徴税吏員の職務行為

収税官吏ないし徴税吏員は、直接租税を賦課、徴収し、その執行の任に当る機関であつて、ことに課税に関する質問検査権（所税六三、法税四五、地税二六・二九八等）、滞納処分に関する権限（国徴一〇以下、地税六八・三三一等）、犯則事件を調査する権限（国犯一以下、地税七一の三・三三六等）等を有しているので、その職務の執行が本罪の対象となることが少なくない。

(1)　質問検査に関する事例　　収税官吏が検査章を携帯せずにした物件検査行為を職務の執行とした例について【19】を参照。

(2)　滞納処分に関する事例

（イ）　旧町村制による町村長から町村税滞納処分をすることを命ぜられた町村役場書記の権限

【56】「町村長ハ町村税ヲ徴収スル職務権限ヲ有スルコト町村制第七十二条第二項第五号ノ明定スル所ニシテ同制第百十一条第一項第四項及国税徴収法第三章滞納処分ノ規定ニ依レハ町村税ノ滞納処分ハ同税徴収ノ一手続ニ外ナラサルヲ以テ町村長ノ職務権限ニ属スルコト論ヲ俟タス而シテ町村長ハ町村吏員ヲシテ其ノ事務ノ一部ヲ臨時代理セシムルコトヲ得ルコト同制第七十八条第二項ノ規定スル所ナレハ町村長ハ町村税滞納処分ヲ為スコトヲ町村吏員タル書記ニ命スルコトヲ得ルモノト謂ハサルヘカラス然ラハ原判示村役場書記ハ同村長ニ依リ村税滞納処分ヲ為ス職務権限ヲ有スルモノニシテ其ノ処分ハ同書記ノ職務執行ニ外ナラ〔ス〕」（大決大一四・三・一六刑集四・一六九）。

（ロ）　資格を証明する証票を示さずになした財産の差押を適法とした例につき【18】を参照。

(3)　犯則事件の調査に関する事例

（イ）　税務署の雇が大蔵事務官と共にその補助者としてした捜索押収

【57】「原判決が挙示の証拠に基いて認定したところによれば、被告人Iは、同人の居宅を訪れ屋内を捜索中の米子税務署勤務大蔵事務官N同税務署雇Yに対し、捜索に来た税務官吏であることは推察しながら、右Y

の腕をつかんで同家の土間に引つぱり下したり、N事務官が木桶に封印するのを邪魔しようとしたりして、暴力を加えその円満な職務の執行を妨げたというのである。右のYは、所論のように単独だつたのではなく、大蔵事務官Nと共にその補助者として捜索押収に従事したのであるから、それはやはり公務の執行であつて、職務権限を逸脱した不適法の行為ということはできない。」（最判昭二五・一・二四最高刑特報二六・二九）。

（ロ）　犯則者に裁判官の許可状を示さずになした臨検捜索を適法とした例

【58】「収税官吏I外四名が被告人方に於て判示臨検捜索差押の執行をなすに際し判示裁判官の発した許可状を携行所持していたこと、被告人方に於て臨検捜索を開始せんとした時被告人は不在であつたので警察吏員立会の下に之を開始したこと、その執行の途中で被告人が帰宅し妨害に出たこと、及び同人には遂に裁判官の許可状を示さなかつたことは何れも右挙示の証拠により認められる。然しながら被告人方が不在であつても警察吏員又は市町村吏員の立会の下に適法に臨検捜索の処分が開始できることは国税犯則取締法第六条第二項の規定に徴し明らかであるから本件執行は適法に開始されたと認められる。従つて一旦適法に開始された前記処分の執行途中で被告人が帰宅しても同人に改めて許可状を示さなければその執行の続行ができないものでないのみならず右取締法には臨検捜索差押の執行に当りその執行者の身分を証明する証票を携帯すべき旨規定するけれども裁判官の許可状を犯則者に示さなければならない旨の規定は存しないから、右収税官吏に於て被告人に前記許可状を示さなかつたからと云うて右執行が不適法となるものではない。本件公務の執行は適法であつて之を妨害した被告人の所為は公務執行妨害罪を構成する。」（名古屋高判昭二六・九・一〇刑集四・一三・一七八〇）。

なお、身分を証明すべき証票を携えずになした押収処分を適法とした事例について【17】を参照。

（ハ）　本人の承諾及び立会人なくしてなした住所の捜索を違法の行為とした例

【59】「税務属カ酒造税法違反ノ証拠物蒐集ノ為メ犯人ノ住所ヲ捜索スルニ当リ本人ノ承諾ナク又立会人ナキニモ拘ラス其ノ住所ニ侵入シ捜索ヲ為シタルハ公権活動ノ範囲ヲ超越シタル違法ノ行為ナルカ故ニ税務属ニ

対シ暴行又ハ傷害行為アルモ法律上正当防衛権ノ行使ニ属シ犯罪ノ成立ヲ阻却スルモノトス」（[illegible]三・一新聞五六四・一六）。

（三）　執行吏の職務行為

執行吏（執達吏）は、主として送達の施行及び強制執行に関する処分を行う公務員であるが、そのほか当事者の委任により、任意競売、拒絶証書の作成等法律の定めた職分を行い、ことに強制執行実施に必要ないくつかの強制権限を与えられているので、その職務行為はしばしば本罪の対象となる。

(1)　債務者の住居に立入る行為

【60】　「執達吏ハ債権者ノ委任ニ依リ債務者ニ対スル動産仮差押ノ為メ債務者ノ住居ニ入ルノ権ヲ有シ且此職権ヲ行フ為メ果シテ何レノ場所カ債務者ノ住居ナルカヲ諸般ノ事情ニ依リ相当ニ判断スルノ権ヲ有スルモノトス従テ其職務上ノ裁量ニ依リ債務者ノ住居ナリト思料スル場所ニ於テハ債務者以外ノ者カ之ヲ債務者ノ住居ニアラスト主張スルトキト雖モ更ニ之ヲ確ムル為メ其場所ニ入リ債務者ノ所有品等ノ有無ヲ取調フルヲ得ルモノトス原判示執達吏ノ行為ハ此趣旨ニ於テ職務行為タルヘキモノト解スルヲ正当トスルカ故ニ原判決カ判示ノ事実ニ付判示ノ擬律ヲ為シタルハ不法ニアラス」（大判大八・一二・三刑録二五・一一七八）。

(2)　閉鎖した倉庫を開く行為

【61】　「民事訴訟法第五百三十六条ニハ執達吏ハ執行ノ為メ必要ナル場合ニ於テハ債務者ノ住居倉庫及ヒ筐匣ヲ捜索シ又ハ閉鎖シタル戸扉及ヒ筐匣ヲ開カシムル権利ヲ有ス抵抗ヲ受クル場合ニ於テハ執達吏ハ威力ヲ用ヰ且警察上ノ援助ヲ求ムルコトヲ得云々ト規定シアリテ執達吏カ執行ヲ為スニ当リ必要トスルトキハ債務者ノ倉庫等ヲ捜索スルコトヲ得ヘク若シ此場合ニ於テ閉鎖シタル倉庫ナルトキハ先ツ債務者ニ対シテ之ヲ開クヘキ旨催告シ之ニ応セサル場合ニ於テハ執達吏ハ適宜債務者ニ損害ヲ生セシメサル方法ヲ選ヒテ之ヲ開キ若シ妨害

スル者アルトキハ自ラ其ノ妨害ヲ除去シテ之ヲ開ク権利ヲ有スルモノトス」（大判昭三・二・四刑集七・四七）。

(3)　差押の標目を附する行為

【62】「〔執達吏カ有体動産ノ〕差押ヲ為スニ際シ差押ノ標目ヲ附スル行為ハ刑法第九十五条ニ所謂職務ヲ執行スルモノニ外ナラスシテ差押調書作成ノ前ニ在ルト後ニ在ルトニ依リ論定ヲ異ニスルコトナシ」（大判大一五・三・二四刑集五・一一三九）。

(4)　仮差押命令の執行

【63】「民事訴訟法第七百四十九条第三項ニ依レハ仮差押命令ノ執行ハ債務者ニ差押命令ヲ送達スル前ト雖之ヲ為スコトヲ得ルモノナルカ故ニ仮リニ前記執達吏代理ニ於テ差押命令ヲ被告人ニ送達スルコトナク仮差押命令ノ執行ニ真手シタリシトスルモ職務執行トシテ欠クル所ナキモノト謂フヘク随テ其ノ執行ニ当リ執達吏代理ニ対シテ暴行脅迫ヲ加フルニ於テハ公務執行妨害罪ヲ構成スルヤ論ヲ俟タス」（大判昭六・一二・一四新聞三三四八・一七）。

(5)　競売調書の作成につき【21】を参照。

（四）　鉄道職員の職務行為

現在では日本国有鉄道の職員は、公務員ではないが、法令により公務に従事する者とみなされる（国鉄三四Ⅰ）。

日本国有鉄道の職員の中でも、司法警察職員等指定応急措置法によつて司法警察職員としての職務を行う者もしくは鉄道公安職員たる身分を有する者の職務行為が、公務執行妨害罪の対象となる公務であることは問題ない。次に掲げるのはそれらの事例である。

【64】「日本国有鉄道職員で指名をうけた者は司法警察職員等指定応急措置法により日本国有鉄道の列車又

は停車場における現行犯に対して司法警察職員としての職務の執行ができるのであるから列車又は停車場における現行犯人が列車又は停車場外に逃走した如き場合にはこれを追跡して逮捕できるのは当然であつて逮捕の場所が列車又は停車場内であることを必要とするものでない」（広島高判昭二七・四・九特二〇・六二）。

【65】「鉄道公安職員は日本国有鉄道の、列車停車場その他輸送に直接必要な鉄道施設内における犯罪並びに日本国有鉄道の運輸業務に対する犯罪につき、捜査の権限を有する日本国有鉄道の役員又は職員であり、その捜査に関しては原則として刑事訴訟法の規定する司法警察員の捜査に関する規定が準用されるものであつて、（鉄道公安職員の職務に関する法律（昭和二十五年法律第二百四十一号）第一条第三条参照）、且日本国有鉄道の役員及び職員は法令により公務に従事する者とみなされるのであるから（日本国有鉄道法（昭和二十三年法律第二百五十六号）第三十四条参照）、前示のように鉄道公安職員たるSが前示鉄道営業法違反の現行犯人たる被告人を逃走の虞あるものとして逮捕しようとしたことは適法な職務の執行行為と認められ、これに対し前示のように暴行を加えたときは公務執行妨害罪が成立することは論を俟たない。」（東京高判昭二九・六・三〇刑集七・七・一〇六八）。

問題となるのは、これら以外の一般の職員の行為である。かつて大審院は、鉄道営業法三八条が「暴行脅迫ヲ以テ鉄道係員ノ職務ノ執行ヲ妨害シタル者ハ一年以下ノ懲役ニ処ス」と規定しているのを刑法九五条一項の特別規定と解し、鉄道係員の職務を妨害した罪については常に同条の罪だけが成立するものとしていた（大判明四三・七・二六刑録一六・一四四九、同大八・二・一三刑録二五・一四〇等）。ところが最高裁判所は、公務員たる小荷物係駅手の職務を妨害した事例につき、鉄道営業法の罪になんら触れることなく、公務執行妨害罪の成立のみを認め、その職務行為の範囲につき次のように判示した。

【66】（要旨）「駅員の少い停車場における小荷物係駅手は、小荷物の受付、計量、料金収納、プラットフォームへの運搬、列車への積卸等小荷物に関するすべての業務を担当することがある。」（最判昭二四・四・二六刑集三・五・六三七〔71〕と同一判決）

〔研究〕植松・刑評一一巻四四事件も鉄道営業法との関係については言及していない）。

その後、ホームで執務中の予備助役に脅迫を加えた事例については、刑法九五条と鉄道営業法三八条の観念的競合であるとしている(最判昭二九・七・七刑集八・七・一〇五二)。

(五)　裁判官の職務行為

裁判官の職務行為が直接公務執行妨害罪の対象となつた事例は乏しいが、次に掲げる判例は、裁判官によつて発せられた退廷命令(裁七一Ⅱ)に基いて傍聴人を法廷の存する建物の外まで退去させようとした警察官に抵抗した事件に関して、判例は法廷秩序維持権の時間的、場所的限界を次のように判示して該命令およびこれに基く警察官の行為を適法と認めている。

【67】　「裁判所法七一条の法廷秩序維持権を行使し得る場所的限界または範囲については、法廷の秩序を維持するに必要な限り、法廷の内外を問わず裁判官が妨害を直接目撃または聞知し得る場所まで及ぶものと解すべきであり(中略)、時間的範囲(始期と終期)は、法廷の開廷中およびこれに接着する前後の時間を含むと解するを相当とする。」(最判昭三一・七・一七判時八五・二三〇四)。

七　職務行為の始期と終期

狭義の公務執行妨害罪の構成要件は、公務員が「職務ヲ執行スルニ当リ」これに対して暴行脅迫を加えることである。すなわち本罪の対象となるのは現在の職務行為のみであつて、将来の職務行為や過去の職務行為に関するものはこれに含まれない。そこで、現在の職務行為とは何か、本罪の対象となる職務行為はいつ開始されいつ終了するのかということを検討しなければならない。いわば職務行為の時間的幅員の問題である。

(一)　職務行為の始期

判例は、公務員がまさに職務に着手しようとしている場合も「職務ヲ執行スルニ当リ」に含まれるという。

【68】「凡ソ公務員カ職務ノ執行中ニ暴行又ハ脅迫ヲ加ヘラレ執行ヲ妨ケラルル場合ハ刑法第九十五条第一項ニ該当スルモノタルコトハ論ヲ俟タサル所ナレトモ公務員カ未タ職務ノ執行ヲ為シ始メサルモ将ニ其執行ニ着手セムトスル場合ノ如キモ亦同条項ニ所謂「公務員ノ職務ヲ執行スルニ当リ云々」トアルニ該当スルモノトス去レハ此時ニ於テ犯人カ暴行又ハ脅迫ヲ加ヘテ其執行ヲ妨クルトキハ犯人ハ同条項ノ責罰ヲ免ルルコトヲ得ス原判決ノ認定ニ依レハ栃木県那須郡那珂村役場書記Kハ村長ノ命ニ依リ村税滞納処分トシテ曩ニ差押ヘラレタル鼠入ラス一箇ヲ同村役場ヘ運搬スル為ニ被告ノ宅ニ到リタルニ被告ハ熟酔ノ体ニテ其挙動ノ穏カナラサルヨリ書記Kハ宅内ニ入ルコトヲ躊躇シ居タル処被告ハ同書記ニ対シ暴言ヲ吐キ且拳ヲ以テ同人ノ面部ヲ殴打シタルモノニシテ右ノ事実ニ由リテ之ヲ観レハKハ未タ差押物ノ運搬ヲ為シ始ムルニ至ラサリシモ其将ニ運搬ニ着手セムトシタル場合ナリシコト明ナレハ此際被告カ同人ノ面部ヲ殴打シ其執行ヲ妨害シタルハ即チ刑法第九十五条第一項ニ該当スルモノナ〔リ〕」（大判明四二・四・二六刑録一五・五一三）。

この判決は、差押物件の運搬行為のみを職務行為と解しつつも本件行為を本罪に問擬するため、「職務ノ執行ニ当リ」という要件をゆるやかに解釈して職務の「執行中」に限らないといつているのであるが（通説もこの判決を引用してこれに賛成する。たとえば、小野・講義各論一九頁、木村・各論三二九頁、牧野・各論三〇頁等）、むしろ運搬のために被告方へ向うこと自体を職務行為と見てよいのではなかろうか（これに明示的に反対するのは大場・各論下六九〇頁）。職務行為を「公務員カ職務上為スヘキ事務ノ取扱ヲモ総テ」含むと解し（〔2〕の判決）、「人ヲ強制スルニ至ルヘキ場合ノミニ限ラ」ぬとする（〔3〕の判決）判例の立場として、職務行為の始期の問題に関してだけこのように狭く限定することは不可解であるといわねばならない（もつともこの判決は、現行刑法施行直後、前掲〔2〕〔3〕よりも前のものであり、職務の執行はいわゆる執行的行為に限られるとする旧刑法流の解釈に影響されているのではなかろうか）。しかし、最高裁判所になつてからも、この判決の趣旨を踏襲し、被告人の所為が公務員の「少くとも将に公務の執行に着手せんとしていた時刻であつた」ことをもつて本罪成立を認める理由としているものがある(最判昭二五・一・二四最高刑特報二六・二九)。

(二)　右のほか職務の執行中かどうかが問題となつたものとして、次のような判決をあげることができる。

(1)　町会議長の閉会宣言に対する議員の異議と議長の職務の継続

【69】(事実)　被告人は某町会議員であるが、某日の町会において町長選挙の議事が紛糾したので議長が他日に続行するため閉会を宣言した。ところが被告人外数名の議員からこれに異議を述べたので議長は引続きその議決を採ろうとした際数名の傍聴者が議場に闖入して議場が混乱したため議長がこれを制止中、被告人は同議長に対し暴行を加えた。

(上告理由)「本件犯行ハ議長カ閉会ヲ宣シ之ニ対シテ被告人等カ異議ヲ述ヘ異議ニ対スル審議ヲ為ス以前ニ行ハレタルモノニシテ当時ニ於テハ閉会宣言ハ異議議決ニヨリ取消サルル迄ハ有効ニ存在シタルモノナリ故ニ本件犯行ハ閉会後ニ行ハレタルモノナリト言ハサルヘカラス閉会後ニ行ハレタル本件犯行ハ議長ノ職務執行ヲ妨害スルニ由ナキモノトス」

(判旨)「町会ノ議長ハ会議ヲ総理シ会議ノ順序ヲ定メ議場ノ秩序ヲ保持スルノ職務アリ而シテ其ノ日ノ会議ヲ開閉スルコト亦其ノ権限ニ属スト雖町村制第五十五条第二項ニ該ラサル場合ニ在リテハ議員中異議アルトキハ会議ノ決議ニ依ルニ非サレハ会議ヲ閉チ若ハ中止スルヲ得サルハ同法第五十三条第三項ノ規定スルトコロナリ然レハ議長カ一旦会議ヲ閉ツル旨宣シタル場合ト雖議員中之ニ異議アルトキハ該宣言ハ其ノ効ヲ生スルコトナク会議ハ依然開会中ニ在リテ議長ノ前示職務ニ消長ヲ来スモノニ非ス従テ斯ル場合議長ノ職務執行ニ対シ暴行ヲ用ヒ之ヲ妨害スルニ於テハ刑法第九十五条第一項ノ犯罪ヲ構成スルモノナリ」(大判昭九・七・七刑集一三・九五八)。

(2)　投票の取締警戒中の巡査

【70】（事実）　巡査Mに対して含むところのあつた被告人は、村役場内に設けられた福井県会議員選挙投票所において取締事務に従事中の同巡査に対し面罵怒号しながら手拳をもつて殴打し両手をもつてその頸部を締付ける等の暴行をなし、且つ同巡査が被告人を説諭するため駐在所まで同行を求めたのに抗拒して殴打等の暴行を続け、よつて同巡査の右取締事務遂行を一時停頓させた。

（上告理由）「〔証拠によれば〕M巡査ハ九月二十二日福井県会議員ノ選挙当日早朝ヨリ上庄村役場ニ設置セラレタル投票所ノ取締ニ従事シ居リタルモノナルトコロ同日午後二時半頃迄投票所ナル右役場二階ヲ見廻リ居リタルカ既ニ投票人ノ来ラサルニ至リタルヲ以テ階下事務室戸籍係ノ椅子ニ腰掛ケ居リタル際被告人ト口論ヲ為シ被告人ヨリ殴打サレタリト云フニ在ルヲ以テ（一）M巡査ハ階上投票所ヲ離レ投票所外ノ階下事務室ニ在リタルコト明カナルノミナラス（二）既ニ投票人ナキニ依リ同巡査ハ階下事務室ニ於テ休憩中ナリシコト亦一点ノ疑ヲ容ルル由ナシ（中略）当時公務ノ執行中ニアラサリシコト寔ニ明カナリ」

（判旨）「投票管理者カ投票所ノ秩序保持ニ付職責ヲ負フヘキハ当然ノコトナルモ其ノ投票所カ村役場ニ設ケラレタル場合ニハ警察署長ノ命令ヲ受ケタル当該村駐在ノ巡査モ亦安寧秩序維持ノ為メ村役場ニ臨ミ取締警戒ノ任ニ当ルコトヲ得ヘク而モ此ノ場合ノ取締ハ唯ニ投票所ノミニ限ラルルコトナク村役場ノ階上タルト階下タルトヲ問ハサルハ勿論其ノ内外ニ亘リテ行ハルヘキノミナラス……」（大判昭一五・三・一二刑集一九・一一七〔研究〕植松・刑評三巻一六事件、佐瀬・法学新報五一巻一一号八一頁、美濃部・公法判例評釈昭和一五年度一〇一頁）。

(3) 列車発着直前に待機中の小荷物係駅手

【71】（上告理由）「原判決は「被告人は……中略……初鹿野駅に至り、同駅小荷物係駅手Mに対し……中略……前示担当業務に従事中の同人を同駅ホームに連れ出し」と判示しているが、被告人が同人を連れ出した当時同人は原審公判廷で供述している通り、駅長に対する用を終つて、倘列車の発着時刻迄時間があるので慢然と駅長室に居残つていて、何の業務にも従事していなかつたのである。この事実を無視し、何等の証拠なくして、被告人が小荷物係駅手の業務に従事中のMを連れ出した旨判示した原判決は、証拠によらずして事実を

認定した違法を犯しているものと云うべきである。」

（判旨）「被害者Mの職務は前記の通り（筆者註、〔66〕判示の通り）であるから、それは性質上絶えず待機していなければならないものであるのみならず、公益性強く時間の厳守を最も尊ぶ交通業従事員としては、列車発着の直前に於ては待機の必要特に顕著である。しかるに原判示及び挙示の証拠によれば被告人は、十二時四十分頃判示駅のフォームに於て被害者を殴打したが他の駅員から仲裁されたので更に同人を駅から約八十米離れた場所に引き出した上で殴打し、その間に十二時五十七分及び五十八分の列車が発着したというのであるから、駅から連れ出したのは列車発着の直前であつたことが推知せられる。原判決がかような状態にあつた被害者を「担当業務に従事中」と判示したことは相当と言わなければならない。」（最判昭二四・四・二六刑集三・五・六三七〔研究〕植松・刑評一一巻四四事件）。

(4)　警邏中の巡査

【72】「所論は本件当時M巡査は公務の執行中ではなかつたので、単にその勤務時間中にすぎなかつた旨主張するのであるが、刑法公務執行妨害罪における公務の執行とは公務員がその為すべき職務とされた執務行為に従事することをいうのであるから、或公務員がその職務に従事中である所謂勤務時間中というのは、その間特に休憩していたというような特段の状況のない限り、その公務員が職務を執行している時間中と解すべきものである。殊に、警邏という執務はその本質上、歩行していても或は立ち止つていても絶えず警邏区域内における犯罪の発見、予防等に感覚を働かせてその職務をつくすべきものであるから、警邏という勤務状態につくことはとりも直さず公務の執行となるものと解せられ、その間たまたま他人と雑談を交したからといつて、その間公務の執行から離脱したものとは云えないのである。」（東京高判昭三〇・八・一八刑集八・八・九七九）。

（三）　職務行為の終期

すでに職務行為が終了すれば、職務の妨害ということは考えられないから、公務員に暴行脅迫を加えても本罪の成立を見ない。そこで、職務行為は何時終了したかということが問題になる。この点が

問題とされた判例を掲げると、

(1) 収税官吏の差押に関して

【73】（要旨）「収税吏カ酒類密造ノ証拠物トシテ帳簿ヲ差押ヘ立去リタル後之ヲ強取セントシ収税官吏ヲ其ノ帰途ニ要シ暗ニ危害ヲ加ヘントスルノ挙動ヲ示シ帳簿ヲ強取シタル所為ハ差押手続終了後ノ所為ナルヲ以テ官吏職務執行ノ抗拒罪ニ非スシテ強盗罪ナリトス」（大判明三六・三・一九刑録九・四一三）。

これは、職務行為がいわゆる執行行為に限られていた旧刑法下の判例であつて、職務行為を広く解する現行刑法のもとではこの点は反対に解されている。

【74】「被告ハ高知県須崎税務署収税官吏税務署属Mカ同県高岡郡戸波村宮ノ内Y方ニ於テ酒造税法違反嫌疑事件ノ証拠物件トシテ差押ヘタル桶一箇ヲ同署雇員Nニ携帯セシメ同署属D之ヲ看守所属官署ニ送付ノ途中同人等ヲシテ桶ヲ持チ帰ラサラシメンカ為メ暴力ヲ用ヰ極力抵抗シタルモノナレハ其行為ハ即チ公務員ノ職務ヲ執行スルニ当リ之ニ対シテ暴力ヲ加ヘタルモノニ外ナラス」（大判明四四・四・一七刑録一七・六〇一（〔3〕と同一判決））。

(2) 巡査の説諭に関して

【75】（上告理由）「原判決全文ノ上ヨリ推シテ説諭自体ヲ妨害シタルモノナリトセムカ然ラハ即チ到底公務執行妨害ノ観念ヲ存セサルモノト信ス何トナレハ説諭ナルモノノ法律上ノ性質ハ説諭者ノ一方的行為ニ過キサルヲ以テ単ニ之ニ服ササルカ為ニ執行ヲ妨害サルルモノニ非ス即チ巡査カ説諭ヲナシタル以上ハ被説諭者ノ服従スルト否トニ拘ラス説諭ナル効果生シタルモノニシテ公務ノ執行ハ了シタルモノト云ハサルヘカラス果シテ然ラハ執行後ニ於テ執行妨害ナル観念ハ到底之ヲ認ムル能ハサルヤ論ヲ俟タス」

（判旨）「説諭ハ即時ニ効ヲ生スヘキ単ナル一方的意思表示ニ非ス被説諭者ヲシテ反省自覚其ノ非ヲ悟ラシメ説諭ノ趣旨ニ承服セシムヘキ効果ノ発生ヲ目的ト為スモノニシテ継続的性質ヲ有スル行為ナルコト自ラ明カナリ従テ如上巡査ノ説諭中之ニ対シテ暴行又ハ脅迫ヲ加ヘタルトキハ刑法第九十五条第一項ノ公務執行妨害罪

ヲ構成スルモノトス」（大判大一三・六・一〇刑集三・四七六（〔12〕と同一判決））。

(3) 以上の判例はいずれも職務行為の終了後は公務執行妨害罪は成立しないということを当然の前提としているものであるが、「職務ヲ執行スルニ当リ」ということを職務行為の終期に関してもゆるやかに解して、「職務の執行を終了した際」でもよいとする下級審判例が最近現われた（学説としては、木村・各論三二九頁）。

【76】「所論のようにIが職務を終つて立ち上り帰りかけた背後から算盤を投げ付けたとしても、刑法第九五条第一項にいわゆる「職務を執行するに当り」とは、現に職務の執行中に限らず、職務の執行に際しての意と解すべく、従つて、公務員が職務の執行に着手せんとする場合は勿論、職務の執行を終了した際に暴行を加えた場合にも公務執行妨害罪が成立するのであるから、所論は的はずれの主張と云うの外はない。」（大阪高判昭二六・三・二三特二三・五六）。

二 職務強要罪（九五条二項）

一 概　説

九五条二項の構成要件は、「公務員ヲシテ或処分ヲ為サシメ若クハ為ササラシムル為メ又ハ其職ヲ辞セシムル為メ暴行又ハ脅迫ヲ加ヘ」ることである。将来の職務行為に関するものである点で狭義の公務執行妨害罪と異なつているが、公務の適正な執行を保護しようとするものである点は同一である（大判大八・七・二二刑録二五・八八〇は「〔九五〕条各項ハ同一罪質ニシテ同一ノ刑ニ該ル罪ヲ規定スルモノナレハ之カ適用ヲ為スニ当リ其何レヲ適用スルモ法律ノ適用ヲ誤リタルモノニアラ〔ス〕」という。小野博士は、「二項は一項の補充規定である」とされる（刑評七巻三五事件））。しかし、本項は他面強要罪（刑二二三）のいわば特別規定ともいうべき性格をもつている。そこで判例も本罪の保護法益について「公務員ノ職務行動ノ自由ヲ保障スルノ趣旨」であるといい（大判明四三・一・三一刑録一六・八八、同旨、大判大一一・

・三・一評論一二刑三六)、あるいは、より一層はっきりと、「〔九五条二〕項前段と後段並びに同条一項を比較対照すれば、同条二項は、公務員の正当な職務の執行を保護するばかりでなく、広くその職務上の地位の安全をも保護しようとするものであること明白」であるといっている(最判昭二八・一・二二刑集七・一・八(〔82〕と同一判決))。このことは、本項にいう「処分」の範囲を画定するうえに重要な意味をもっている。

二　職務行為の範囲

本項においては、妨害から保護されるべき職務行為は「処分」と呼ばれている(「辞職」の点については、職務行為ということからも外れるし、判例もとくに取り上げるべきものは見当らないのでここでは触れない)。ここにいう「処分」は、九五条一項の場合のようにすでに現実化している職務行為ではなく、主観的違法要素としての行為者の目的において観念化された職務行為、すなわち行為者が自己の暴行脅迫によって将来それを強制しもしくは阻止すべく意図しているところの職務行為である。

元来「処分」とは、法規に基いて具体的場合につき権利を設定し、義務を課しその他特定の法律上の効果を発生させる行為を意味するが、判例は、一項において職務の執行ということを広義に解したと同じく本項にいう処分をも右のように限定された意味にではなく、広く公務員が職務上なしうべき行為を指称するものと解している(仮案二〇八条二項は、「公務員ヲシテ職務上或行為ヲ為サシメ若ハ為サザラシムル為」と規定している……)。

【77】「〔刑法九五条二項〕ニ所謂「処分」トハ汎ク公務員カ職務上為シ得ヘキ行為ヲ指称スルモノト解スルヲ以テ同条カ公務員ノ職務行動ノ自由ヲ保障スルノ趣旨ニ徴シテ最モ法意ヲ得タルモノトス本件ノ事実カ前掲条項ニ該当スルヤ否ヲ按スルニ原判決ノ認定ニ拠レハ被告等ハ村会議員S等一派カ多数区民ノ意向ニ反シテ区有山林売却処分ノ実行ヲ中止セシムル為メ臨時開会セシメントスル村会ニ於テ中止ノ決議成立セントスル状況アルヨリ同志ト謀リ開会前各村会議員ニ対シテ多数区民ノ意向ニ適合スル決議ヲ為サンコトヲ要求シ止ムヲ得

サレハ村会ヲ不成立ニ終ラシムル手段ヲ執ルコトニ決定シ該目的ヲ遂行スル為メ被告等ハ村会当日召集ニ応シ議場ニ赴カントスル議員Sニ対シテ暴行ヲ為シタリト云フニ在レハ被告等ハ村会議員タルS等ヲシテ議場ニ於テ其真意ニ反シテ意見ヲ表示セシムル為メ又ハ議場ニ出席シテ意見ヲ表示セシメサル為メSニ暴行ヲ加ヘタル事実ヲ判示シタルモノニシテ被告等ノ所為ハ公務員ノ職務上為シ得ヘキ行為ニ付キ行為又ハ不行為ヲ強制スル為メ暴行ヲ為シタルモノニ該当ス」（大判明四三・一・三一刑録一六・八八）。

同旨の判決はその後もしばしば繰り返されている（大判大八・七・二二刑録二五・八八〇、同昭八・一一・二七刑集一二・二一三四）。

【77】と同様、村会議員が村会に出席するのを阻止しようとしたものである。事案はいずれも次に掲げる二つの判例は、右の判決の趣旨をさらに敷衍し、処分とは、直ちに特定の法律関係を確定し、もしくは直接に法律上の効果を生ぜしめるものであることを要しないと判示している。

【78】「刑法第九十五条第二項ハ汎ク公務員ノ職務作用ノ自由ヲ保障シ之ヲ侵害スル行為ヲ処罰スルニ在リテ同条項ニ所謂処分トハ即チ其職務作用ヲ指称シ苟モ公務員ノ行為ニシテ法令ニ基ツキ其職権内ニ属スル以上ハ直ニ特定ノ法律関係ヲ確定スルト否トヲ問ハス之ニ該当シ該職務行為ヲ強テ為サシメ若クハ為ササラシムル為メ暴行脅迫ヲ加フルトキハ直ニ同条項ノ犯罪ヲ構成スルモノトス」（大判大一一・三・一評論一一刑三六。事案は、市会議員をして市会において実会消費税案につき高率の課税議決をさせせない）ために脅迫したもの）。

【79】「市会議員ニシテ市ノ土木委員タル者カ市ノ工事ニ関シテ其ノ請負金額ヲ過当ナリトシ市会又ハ市ノ土木委員会ニ於テ反対意見ヲ主張スルカ如キハ其結果カ直接ニ法律上ノ効力ヲ生スル決議トナリテ現ハルルモノニアラストスルモ其ノ行為タルヤ公務員タル職務ノ執行ニ属スルモノニシテ之ヲ制止スル目的ヲ以テ脅迫ヲ為スハ即チ刑法第九十五条第二項ニ所謂公務員ヲシテ或処分ヲ為ササラシムル為脅迫ヲ加フルモノニ該当シ此ノ如キ行為ヲ指シテ公務員ノ処分ニアラストスルハ中ラス」（大判大一二・四・二刑集二・二九一）。

三　処分と職務権限

処分の意義は、右に見たように広く解されているが、それが当該公務員の職務権限内の行為であることを必要とするのは、広義の公務執行妨害罪の一種としての本罪の性質上当然のことといわなくてはならない（通説もこれを要件として掲げている。たとえば、小野・講義各論二三頁、滝川・各論二六八頁、井上・各論二四八頁等）。

（一）　大審院もまた、強要されたところが、公務員の職務権限内の処分でないときは本罪は成立しないとの立場をとって来た。

【80】　「神社ニ職ヲ奉スル社掌ハ（中略）之ヲ官吏ト断スルヲ正当トス（中略）然レトモ社掌カ信徒総代ト共ニ市町村役場ヘ為シタル信徒総代選定ノ届出ヲ任意ニ取消スコトハ法規ノ認容セサルトコロニシテ其ノ職務権限内ノ処分ニ属セサルカ故ニ仮令社掌ニ対シ暴行ヲ加ヘ因テ右届出ノ取消ヲ強要スルコトアリトスルモ其ノ行為ハ暴行罪ヲ構成スルハ格別刑法第九十五条第二項ノ罪ヲ成立セシムルモノニ非ス」（大判昭二・七・二一刑集六・三五七）。

なお参考のため旧刑法下の判例を掲げておこう（旧刑法において職務強要罪に相当する規定はその一三九条二項で、その構成要件は「暴行脅迫ヲ以テ其官吏ノ為ス可カラサル事件ヲ行ハシメ」ることとされていた）。

【81】　「刑法第百三十九条第二項ハ其第一項ヲ承ケタル法文ニシテ第一項ニ於テハ適法ナル職務ノ執行ニ抗拒シタル場合ヲ規定シ第二項ニハ不法ニ職務ヲ執行セシメタル場合ヲ規定シタルモノナルコトハ立法上ノ歴史ニ徴スルモ亦同条ノ文理上ヨリ解釈スルモ毫末ノ疑ヲ存セサル所ナリ故ニ其行ハシメタル行為カ適法ナルカ又ハ当該官吏ノ職務ニ関係セサルトキハ同条第二項ノ罪ヲ構成スルコトナシ今原判決ヲ閲スルニ収税官吏二名ヲ脅迫シテ「明治四十年十二月六日三宅ナヱ立会ノ上酒ヲ検査セシニ酒モ見当ラス致方無之依テ如件」ト認メタル被告K宛収税官吏連署ノ書面ヲ作成交付セシメタルモノト認メ刑法第百三十九条第二項ヲ適用シタルモ収税官吏ハ犯則物件ノ捜索ヲ為スニ当リ被嫌疑者ニ対シ如上ノ如キ書面ヲ作成交付スル権限ヲ有セサルヲ以テ犯則物件ヲ差押ヘタル収税官吏ヲ脅迫シテ之ヲ発見セサル旨ノ書面ヲ作成交付セシムルモ不法ニ職務ヲ執行セシメタルモノト云フヲ得ス故ニ其行為ハ刑法第百三十九条第二項ノ罪ヲ構成セ〔ス〕」（大判明四一・五・一八刑録一四・五三二、ただし交付させた書面は「財

物」であるとして強盗罪の成立を認めている)。

(二)　ところが、最高裁判所は、従来の判例を変更して、公務員の職務に関係ある処分であればたり、その職務権限内の処分であるかどうかを問わないものとするに至っている。

【82】「原判決は、被告人等は、孰れも昭和二二年度所得税更正決定に不正あると主張し、納税民主化同盟及びその友誼団体に属する大衆を指導して、その威力により、その主張を貫徹しようと企て共謀の上判示税務署長等に対し判示のごとき暴言、気勢等を以て、判示内容の要求を全部承認させた上判示書面に押印させた事実を認定し、これに対し、刑法九五条二項を適用したものである。そして右条項前段にいわゆる「公務員をして或処分を為さしめ若しくは為さざらしむる為め」とある「公務員の処分」とは、当該公務員の職務に関係ある処分であれば足り、その職務権限内の処分であるとその職務権限外の処分であるとを問わないものと解すべきである。けだし、同条項前段と後段並びに同条一項を比較対照すれば、同条二項は、公務員の正当な職務の執行を保護するばかりでなく、広くその職務上の地位の安全をも保護しようとするものであること明白だからである。従つて、判示要求承認の内容が判示税務署長等の職務権限外の事項であつても、すべて同税務署長の職務上の処分であると判示して、前記条項を適用した原判決の擬律は正当であるといわなければならない。それ故所論は、その理由がない。」(最判昭二八・一・二二刑集七・一・八〔研究〕石松竹雄・神法雑誌三巻二号四二一頁は判旨反対)。

本件のように職務権限外の処分を強要した場合は、強要罪(刑二二三)を成立せしめることは格別、職務強要罪に問擬することは不当であろう(ちなみに本件起訴は暴力行為処罰法違反罪及び強要罪であり、第一審岐阜地裁は強要罪のみを認めたが、第二審名古屋高裁に至つて職務強要罪とされたのである)。

四　処分の適法性

本罪における処分もまた適法なものでなければならないであろうか。不作為の強要の場合、すなわち公務員が職務行為に出ることを阻止しようとする場合には、その阻止の目標とされた職務行為が適法なものであることを要するということも理解しえないことはないが、作為の強要、すなわち公務員をして積極的に職務行為を行わせるために暴行脅迫する場合は、その職務行為の適法性を必要とする根拠は乏しいものといわなくてはならない（旧刑法一三九条二項は「暴行脅迫ヲ以テ其官吏ノ為ス可カラサル事件ヲ行ハシメ」ることだけを処罰しているので、「其行ハシメタル行為カ適法ナル」ときは同罪は成立しないものとされる（前掲〔81〕の判決）。ドイツ刑法においても、一一三条の公務執行妨害罪においては適法性が必要とされるのに反して、一一四条の職務強要罪においては、職務行為が当該公務員の職務権限内のものである限り適法であると否とを問わないものとされている（Frank, § 114 Ⅲ; Kohlrausch-Lange § 114 Ⅵ., Schönke, § 114 Ⅲ. 3.)）。しかしこの点についての判例の態度は、職務権限の有無の問題を別とすれば、かならずしも明瞭にされてはいない。

（一）「適法な」職権の行使を阻止しようとしたものだから本罪が成立するとしている例

【83】「執達吏代理カ債権者ノ委任ニ依リ債務者ニ対スル強制執行トシテ有体動産ノ差押ヲ為スニ当テハ其ノ目的タル動産カ債務者ノ所有ニ属シ且其ノ占有中ノモノナルカヲ諸般ノ事情ニ依リ相当ニ判断スル権限ヲ有スルモノナレハ若シ其ノ目的物カ債務者ノ所有ニ属セスト主張スル者アルニ於テハ果シテ同物件カ債務者ノ所有ニ係ルヤ否ヲ点検裁量スルハ適法ナル職権ノ行使ナルヲ以テ之ニ対シテ暴行又ハ脅迫ヲ加ヘ遂ニ其ノ点検ヲ為ササラシムルトキハ其ノ行為タルヤ刑法第九十五条第二項ノ公務執行妨害罪ヲ構成スルモノトス」（大判大一一・五・一五刑集一・三一六、事案はむしろ九五条一項罪に問疑すべきものではないかと思われる）。

（二）たとえ村会における議案が不適法であつたとしても、そのために村会議員の職務行為を不法ならしめるものではないとする例

【84】「前掲村会議員ノ職務行為ハ適法ニ成立シタル村会ニ於テ行ハルヘキモノナリシコトハ原判決ノ説示スル所ナレハ適法ナルコト論ヲ俟タス縦令村会ニ於ケル議案カ所論ノ如ク不適法ナリシトスルモ之レカ為メニ村会ノ成立ヲ違法ナラシメ又ハ村会議員ノ職務行為ヲ不法ナラシムルコトナケレハ其職務行為ニ関シテ行為不行為ヲ強制スルカ為メ暴行ヲ為シタル者ノ罪責ニ影響ヲ及ホスモノニ非ス故ニ原判決ニ於テ被告等ノ行為ニ対シテ刑法第九十五条第二項第一項ヲ適用シタルハ相当ニシテ本論旨ハ理由ナシ」（大判明四三・一・三一刑録一六・八八（〔77〕と同一判決））。

この判決も、職務行為の適法性を要するということを一応前提としているものと解することができよう。

(三)　村会招集の手続が違法であつても無効でない限り、その開会を阻止するための暴行は本罪を成立させるとした例

【85】(事実)　「被告等ハA村助役W某カ村長ノ任期満了後村長ノ代理トシテ村長ノ選挙ヲ以テ急施ヲ要スル事件ナリト認定シ大正十二年三月三十日村会議員ニ対シ右選挙ノ為参集ヲ不能ナラシメサル程度ニ於テ相当時間ヲ置キ同日午後四時村会ヲ開会スル旨ノ告知状ヲ発シ其ノ参集ヲ促シタルニ当リ極力其ノ村会ヲ開会セシメサランコトヲ決意シ同日午後三時五十分頃議場ニ於テ村長代理トシテ議長席ニ着席シテ議員数名ト共ニ開会ノ時刻ヲ待受ケ居リタル助役Wニ対シ暴行ヲ加ヘ〔タリ〕」

(判旨)　「按スルニ原判示ノ如ク村助役カ村長ノ代理トシテ前任村長ノ任期満了後村長ノ選挙ヲ以テ急施ヲ要スル事件ナリト認定シ町村制第四十七条第三項ノ期間ヲ置カスシテ即日村会ヲ開会スル旨ノ告知ヲ為シタルハ急施ヲ要スル事件ト認定スヘキ正当ノ理由ヲ欠キ違法ナリト雖其ノ招集カ各村会議員ヲシテ其ノ会議ニ来集スルヲ不能ナラシメサル以上ハ当然事件ヲ議スヘキ村会ハ不成立ニ帰スヘキモノニ非ス此ノ如キ場合ニ於テハ開会セラルヘキ村会議ニ於テ更ニ当該事件ニ付三日ノ期間ヲ置キテ招集ノ告知ヲ為スヘキ決議ヲ為スノ理由ヲ生スルニ止リ其ノ村会ノ開会ヲ目シテ無効ナリト謂フヘカラス若シ夫レ其ノ開会ニ於テ当該事件其ノモノニ付決議ヲ為シタル場合ニ於テハ町村制第七十四条ニ依リ其ノ決議ハ之ヲ再議ニ附シ又ハ之ヲ取消スノ処分ニ出ツヘキノミ蓋シ町村制第四十七条第三項ノ期間ハ町村会議員ヲシテ議題ト為スヘキ議案ニ付会議前準備取調ヲ為スノ機会ヲ与フルノ趣旨ニシテ其ノ期間ヲ置カサルモ議員ノ参集ヲ不能ナラシメタル場合ト異ナリ招集ヲ無効ナラシメ延テ会議ヲ不成立ナラシムル効果ヲ生スルモノト認ムルヘカラサレハナリ然ラハ上記ノ場合ニ於テ助役カ村会ヲ開会スルハ公務ノ執行ニ外ナラサレハ之ヲ開カサラシメンカ為暴行ヲ加フルトキハ即チ公務ノ執行ヲ妨害スルモノナルコト論ヲ俟タス」(大判大一三・二・二八刑集三・一六四)。

いっている。

（四）作為を強要した場合は比較的その例に乏しい。次に掲げる判例は、「法ニ基ク公務」とだけ

【86】「行政官庁カ暴行ヲ為スノ虞アル者ヲ検束スルコト及其ノ被検束者ヲ解放スルコトハ行政執行法ニ基ク公務ニシテ右検束処分ヲ解カシムル為其ノ執行者ニ脅迫ヲ加ヘタルトキハ刑法第九十五条第二項ノ公務執行妨害罪ヲ構成スルモノトス」（大判昭七・八・四刑集一一・一一五八）。

五　処分の正否

公務執行の適正をその保護法益とする本罪の性質からいえば、本罪の行為類型として典型的に予想されるのは、公務員として職務上なすべき行為を行わせないため、あるいは職務上なすべからざる行為をなさしめるために暴行脅迫を加える場合であるといってよかろう。しかしこのことを構成要件上要求しないわが法の立場としては、処分の正否は本罪の成否に関係ないものとされる。「その強要した処分が、法律上公務員の処分として、何等瑕疵のない場合とても罪となる」のである（安平・各論下三四三頁、同旨、大場・各論下七二四頁）。次に掲げる判決は、不当処分を是正することを強要した場合でもなお本罪の成立があるとしたものである。

【87】「所論の所謂水増し課税や徴税目標額に基く課税方法等が仮りに不当のものであるとしても之が是正の道は税法所定の審査訴願及び訴訟の手段（所得税法第四八条乃至第五一条）に依るべく、これがため被告人等が税務署係官に対し判示のように直接脅迫手段に訴え課税額及び徴税方法等の変更を求むることは法治国の理念に徴し素より違法にして許されないところである。」（最判昭二五・三・二八刑集四・三・四二五）。

三　封印破棄罪（九六条）

一 封印・差押の標示

刑法九六条の構成要件は、「公務員ノ施シタル封印又ハ差押ノ標示ヲ損壊シ又ハ其他ノ方法ヲ以テ封印又ハ標示ヲ無効タラシメ」ることである。本罪は、公務員による特定の職務行為につき、その執行後においてその効力を阻害する行為を処罰しようとするものである。本罪における職務行為は、封印ないし差押の標示を施すことである。

(一) 「封印」とは、物に対する任意の処分を禁止するためにその物に施した封緘その他これに類する設備である。判例は、「執達吏カ穀類差押ノ為メ堆積シタル俵ニ縄張ヲ為シ其縄ニ差押物件年月日執達吏ノ官氏名及ヒ所属ノ裁判所等ヲ記入シタル紙片ヲ巻付ケ又ハ穀類ノ包装毎ニ同用紙ヲ掛縄ニ巻付ケ又ハ差押ノ目的物ヲ緘封シ其脱漏ヲ防クノ意ヲ表明シタル場合」(大判大六・二・六刑録二三・三五)や、「郵便行嚢ノ封印」(大判明四四・一二・一五刑録一七・二二九〇)等も本条にいう封印であるとしている。

(二) 「差押」とは「公務員カ其ノ職務上保全スヘキ物ヲ自己ノ占有ニ移ス処分ニシテ此処分ヲ明白ニスルモノ即チ差押ノ標示」である。「従テ民事訴訟法ニ依ル有体動産ノ差押処分ハ勿論仮差押及仮処分ト雖苟モ上叙ノ性質ヲ帯フルモノ及其ノ他ノ法令ニ依リ公務員ノ為ス処分ニシテ同種ノ性質ヲ有スルモノハ悉ク」これに包含される(大判大一一・五・六刑集一・二六一)。たとえば、仮処分命令に基き執行吏が強制力をもつて土地を占有する場合(大判昭七・二・一八刑集一一・四二)、家屋明渡の強制執行において居住所の占有を解き執行吏の占有に移す場合(大判昭八・二・一六刑集一二・一三四)等も本条にいう差押である。しかし、「公務員カ物ヲ自己ノ占有ニ移サスシテ他人ニ対シテ一定ノ作為不作為ヲ命スル処分ノ如キハ刑法ニ所謂差押ニ非ス……例ヘハ行政執行法ニ依リ警察官署カ私人ニ対シ一定ノ作為又ハ不作為ヲ命スルカ如キハ勿論民事訴訟法ノ規定ニ依ル不動産ノ差押又ハ金銭債権ノ差押ノ如キハ刑法ニ所謂差押ニ属」しない（大判大一一・五・六刑集一・二六一）。

二　封印・差押の適法性

本条の犯罪についても、公務員の封印・差押の標示を施す行為が適法であることを要するかどうかにつき争われている（積極説は、泉二・各論八三頁、大場・各論下七三一頁、宮本・大綱四九五頁、滝川・各論二六七頁等。これに反し消極説は「差押が訴訟法上不適法で無効であっても、苟くもそれが「差押」と認められる場合であるならば、それを保護すべき理由がある」とし（小野・講義各論二四頁）、あるいは「一般人の見解上封印・差押の標示が施されたりと認められる場合たれば足り、純客観的に法規に準拠して為されたる場合に限らざるものと解する」（木村・各論三三五頁）。）。

（一）　判例は、郵便行嚢の封印については、「公務員タル通信事務員カ職務上之ヲ施スモノナルコト」が明らかであるという理由をあげているが（大判明四四・一二・一五刑録一七・二一九〇）、次の例では「適法ニ施シタル封印」ということを明示している。

【88】　「青森県令ニ基キ判示防腐剤「フォルムアルデヒッド」ヲ含有スル衛生上危害ノ虞アル清酒ノ販売授与ヲ禁止スル方法トシテ右清酒在中ノ桶ノ蓋及ヒ出口栓ニ紙片ヲ貼付シ之ニ封印シ封緘ヲ施シタルハ前示青森県警察部訓示ノ趣旨ニ遵拠シタル適当ナル取締方法ト云ハサルヘカラス従テ右封印ハ適法ニシテ之ヲ無効ニ帰セシメタル被告等ノ行為ハ官吏カ適法ニ施シタル封印ヲ不法ニ無効ナラシメタルモノナレハ刑法第九十六条ニ該当シ処罰ヲ免レス」（大判大五・七・三一刑録二二・一二九七）。

（二）　差押の標示については、判例の基本的な態度は「同条所定の犯罪が成立するためには、有効な差押の標示の存在を前提とするものであることはいうまでもない」（最判昭二九・一一・九刑集八・一一・一七四二）というにあるといってよかろう。

(1)　差押が不成立の場合には本罪の対象となりえないこともちろんである。

【89】　「本件有体動産ニ対スル仮差押カ適法ニ執行セラレタルヤ否即チ差押物ハ適法ニ執達吏ノ占有ニ帰シ

従ツテ適法ニ債務者ノ代人トシテ執行ニ立会ヒタル被告人ノ保管ニ任セラレタルヤ否ノ点ヲ按スルニ〔証拠によれば〕本件有体動産ノ仮差押ハ被告人ノ弁解スル如ク適法ニ執行セラレスシテ封印ヲ施シタル形迹ナキハ勿論公示ヲ貼付シタルモ差押ヲ明白ニスヘキ方法ニ於テ為サレタル事実ヲ確認スルニ足ラス故ニ本件差押ハ其ノ効力ヲ生セサルヲ以テ（民事訴訟法第七百四十八条第五百六十六条参照）差押物件ハ適法ニ執達吏ノ占有ニ帰シ従テ立会人タル被告人ノ保管ニ属シタル事実ヲ認ムルヲ得サルモノト謂ハサルヘカラス果シテ然ラハ被告人カ差押物件トシテ執達吏ヨリ保管ヲ命セラレタル物ヲ脱漏シテ他ニ搬出シタリトスルモ固ヨリ刑法第九十六条ニ所謂公務員ノ施シタル差押ノ標示ヲ無効ナラシメタル所為ニ該当セサルモノトス」（大判大一五・一一・二六刑集五・五五一）。

判例は、本件仮差押が不適法なことを本罪不成立の理由としているが、この事例は民訴七四八条・五六六条の要件を全然欠いているのであるから、むしろ差押が不成立の場合と解すべきであつて（兼子・強制執行法一七七頁参照）、これをもつて判例が訴訟法上厳格な意味での適法性を要求している趣旨とは考えられない。同じく執達吏が差押えた有体動産を民訴五六六条二項により債務者の保管に任す場合に、公示書を自ら貼用せず債務者にこれを依頼しておいたが債務者もこれを貼用しなかつたときは、「法律上差押ハ全然無効ニ帰シ」第三者に対してのみならず債務者自身に対しても効力を発しないという判例（大判大一〇・一〇・四刑録二七・六一九）も同趣旨である。

(2) 差押に手続法上もしくは実体法上の瑕疵があつても執行行為として一応有効である場合には本罪が成立する。

（イ） 執行吏が第三者の占有する物件を仮処分命令の被申請者の占有にあるものと判定してなした執行手続

【90】「元来執達吏ハ強制執行ヲ為ス際其目的タル物カ第三者ノ占有ニ係ルヤ否ヤノ事実ニ付キ形式上之ヲ

判断スルノ職権ヲ有スルモノニシテK執達吏ハ此職権ニ基キ判示物件カ仮処分命令ノ被申請人タルF外一名ノ占有ニ係ルモノト判定シテ同命令ヲ執行シタルコト原判文ヲ通読シテ之ヲ知ルニ難カラス而シテ斯ル執行手続ニ対シテ執行異議ノ申立ヲ為シテ之ヲ取消スヲ得ヘク是カ取消ヲ為ササル限リハ法律上当然其効力ヲ有スルモノナルヲ以テ公務員タルK執達吏カ仮処分命令ノ執行手続トシテ判示物件ヲ占有シ保管ヲ命シタルハ違法ニ非ス」（大判大六・一一・一二刑録二三・一二六九）。

（ロ）　執行吏が第三者の所有物件を債務者の所有に属するものと判定してなした差押

【91】　「本件大型水屋一個及び皿鉢二十二枚はYの所有物であつて被告人は当時右Yよりこれ等を借用していたものであることを窺い得るけれども、執行吏であるSは右水屋及び皿鉢も債務者である被告人の所有に属するものと判定して本件差押をしたものであること明かであり右物件が第三者の所有物件であつたとしても差押の効力は一応有効に生じたものと謂わなければならない。本件各証拠に徴するも右S執行吏が右各物件が第三者の所有物件であることを知りながら差押をしたものとは到底認められない。然らば右差押のなされた原判示物件につき被告人がこれを他へ搬出して封印又は差押の標示を無効ならしめる行為をした以上被告人は刑法第九十六条の罪責を免れることはできない。」（高松高判昭二七・八・三〇刑集五・一〇・一六一二）（名古屋高判昭二五・四・二二特八・三三〇は国税滞納処分の差押について同旨）。

以上（イ）（ロ）の両場合は、訴訟法上の効果を異にしているが（前者の差押は違法であり第三者は執行方法に関する異議（民訴五四四Ｉ）をもつて争うことができるが、後者の場合は差押は執行法上違法ではなく、第三者は第三者異議の訴（民訴五四九）によつて執行の排除を求める必要がある）、いずれも一応執行行為としての効力を生ずるものである以上刑法上の保護に値するとの趣旨である。

（ハ）　仮差押の執行に正当な立会人が欠けていた場合

【92】　「元来立会人を欠く仮差押の執行といえども当然に無効とはいえないのであつて単に異議に基き取り消され得るに過ぎないものと解すべきであるから、本件仮差押の執行行為が無効であることを前提として被告人の所為は封印破棄罪の対象とならないと主張する論旨は到底採用することはできない」（東京高判昭三〇・九・二六高裁特報二・二〇・一〇

九〇

(3)　次に掲げるのは、差押が不適法で無効であつても執行法上不成立でない限り本罪の客体となるというやや特異な例である。

【93】「特定の立木が被疑事件の証拠物として司法警察員により領置されていて警察がこれに対する支配力を有するにかかわらず、執行吏が該立木に対する被申請人の占有解除、執行吏保管、その処分禁止等を命ずる仮処分命令の執行として該立木が被申請人の占有に在るものと認めその占有を解き自己の占有に移し右仮処分命令の趣旨を公示する公示札を施した場合においては、該立木に対する警察の占有を奪い事実上これを執行吏の占有に移した結果を招来し、この限りにおいて右仮処分の執行は領置処分の内容と矛盾抵触し、執行法上不適法で無効たるを免れないことは所論指摘のとおりである。けだし、領置処分は犯罪の証拠保全の目的で証拠物の上に支配力を設定する処分であるから、この支配力を排除せしめる仮処分の執行は許されず、執行吏は有効には占有を取得するに由ないのであつて、執行吏が単に第三者が占有する物件を被申請人の占有に在るものとして自己の占有に移した場合の如く、執行行為は不適法であるが、異議の方法により取消されない限り有効であるのとは異なるのである。

しかし、右の如き執行法上不適法で無効な仮処分の執行であつても、いやしくも執行吏が債務名義に基ずき他の占有を排除し事実上自己に占有を取得したものである以上、仮処分の執行行為として執行法上の成立はあるものといい得るのであつて、同法上不成立で絶対に無効の執行行為とは異なり、執行吏において職権で取消すか、又は異議訴訟等により取消されない限り、執行吏がその占有取得を公示するため施した標示は、なお刑法上保護せらるべき差押の標示ということができる。」（仙台高秋田支判昭二九・一二・二一高裁特報一・一三・七三六）。

(4)　仮処分命令に基く差押の場合、その基本たる民事上の権利が真に存在するか否かは差押の効力に関係しないという判例（大判昭七・二・一八刑集一一・四二〔研究〕木村・志林三五巻六号六九頁）は、仮処分制度の本質よりして当然であろう。

（三） 判例は、本罪における故意に関連して次のようにいう。

【94】「〔刑法九六〕条ノ規定ハ封印又ハ差押ノ標示カ効力ヲ失ハサル前ニ於テ権利ナクシテ之ヲ損壊シ又ハ其ノ他ノ方法ヲ以テ封印又ハ標示ヲ無効タラシメタル行為ヲ其ノ構成要素ト為シタルノ趣旨ニシテ民事訴訟法其ノ他公法ノ規定ニ依リ差押ノ効力ナキニ至リタルモノト解スヘキ場合又ハ封印等ノ形式存スルモ之ヲ損壊スルノ権利アリト認メタル場合ニ於テハ本罪ノ構成要素ヲ欠クモノナリト解スルヲ至当トス従テ民事訴訟法其ノ他ノ公法ノ解釋ヲ誤リ被告人カ差押ノ効力ナキニ至リタル為差押存セスト誤信シ又ハ封印等ヲ損壊スルノ権利アリト誤信シタル場合ニ於テハ本罪ノ犯意ヲ阻却スルモノナリト謂ハサルヘカラス」（大決大一五・二・二二刑集五・九七）。

【95】「被告人は、法律上前示封印は無効であると誤信した結果本件所為におよんだものであるから、刑法が保護の対象とした封印又は差押の標示を損壊する認識を欠いたものというべく（中略）、犯意を阻却するものとして、その刑事責任を問い得ないものと解する。」（札幌高函館支判昭三一・八・二二高裁特報三・一六・八〇六）。

非刑罰法規の錯誤は故意を阻却するという判例の伝統的立場に立つものであるが、狭義の公務執行妨害罪について、職務行為の違法性の認識は故意に影響しないという前掲【7】の判決の立場とは統一を欠くものではなかろうか。

四 強制執行免脱罪（九六条ノ二）

一 概説

本罪は、強制執行が適正に行われることを期するとともに、その基本となる債権者の権利をも保護しようとするものである。

本条における職務行為は「強制執行」であるが、ここにいう強制執行とは、「民事訴訟法による強制執行又は民事訴訟法を準用する強制執行を指称する」（最決昭二九・四・二八刑集八・四・五九六）。したがつて、仮処分・仮差押の執行、罰金・科料・没収等の裁判の執行（刑訴四九〇）を含むが、「国税徴収法に基く滞納処分たる差押はこれを含まない」（上掲最決）（この国税徴収法に基く滞納処分については、従来学説は概ね積極に解していた。たとえば小野・講義各論二四頁、滝川・各論二六九頁）。

二　強制執行と債権の存否

（一）　判例は、仮処分の執行の場合に、基本たる民事上の権利の存否は本罪の成否と関係がないという立場をとつている。

【96】「強制執行ノ保全方法トシテ行ハルル仮処分ノ如キハ常ニ争アル権利関係ヲ対象トスルモノニシテ当初ヨリ権利ノ帰属ニ付当事者間ニ主張ノ一致ヲ欠キ紛議アルコトヲ建前ト為スモノナルカ故ニ仮処分ニ依リテ強制執行ヲ保全セントスル民事上ノ権利カ真ニ存在スルヤ否ハ当該仮処分又ハ其ノ執行ノ効力ニ直接影響ナク民事上ノ権利ナキ者ノ申請ニ基ク仮処分又ハ其ノ執行ト雖之カ取消ノ為サレサル限リ其ノ法律上ノ効力ハ儼然トシテ存在シ何人ト雖之ヲ尊重スヘキハ当然ニシテ之カ妨害ト為ルヘキ行為ヲ為スヲ得サルハ勿論ナルカ故ニ苟モ斯ル仮処分ノ執行ヲ免ルル目的ヲ以テ係争物ノ隠匿其ノ他刑法第九十六条ノ二列記ノ如キ行為ヲ為シタルトキハ同法条ノ規定スル強制執行妨害罪ハ直ニ成立スヘク其ノ基本タル仮処分カ後日権利ナキ者ノ申請ニ基キタルモノナルコト判明シタレハトテ之カ為右係争物ノ隠匿等ノ行為ヲ正当ナリト為スヲ得サルナリ」（大判昭一八・五・八刑集二二・一三〇）。

民事上の債権が存在しなければ、債権者の保護という法益は存しないことになるが、本罪が公務に対する妨害罪である以上この結論は当然であろう（本件の評釈、沢井・刑評六巻一七事件は、判旨は「正当であつて何等附言の要を見ない」といつている）。

（二）　しかし次の判決は、債権の存在を必要としている。

【96】「第九十六条の二の訴因である犯罪事実は債権を保護するためその強制執行を免るる目的を以て財産

を損壊する等の行為を処罰するのであるからその前提として保護せらるべき債権の存在すること及びその民事訴訟法による強制執行の施行せらるべきことを必要とする……」（東京高判昭二五・二・一四刑集三・一・五二。本件は国税犯則取締法による差押につき本罪の成立を否定したものである。）。

三　強制執行の適法性

強制執行の適法性の要否についての判例は乏しいが、次の判決は、狭義の公務執行妨害罪の場合の折衷説と同じ立場からこれを解決している。

【98】「刑法第九十六条の二は債権実行の為の強制執行の安全を担保する法意と解すべきところ、その保護せらるべき強制執行は執行吏の抽象的職務権限に属しその具体的行為が一応適法な職務の執行行為であると認められるものであればよいのである。従つて差押をしようとする目的物である動産が債務者の営業所二階にその商品として陳列してある以上、何人も一応右商品が債務者の所有に属し差押を為し得るものと考えるのが普通であるから、F執行吏が一応これを債務者の所有に属するものとしてA商店に対する執行力ある判決正本に基き強制執行に及んだのは正に適正なる職務の執行であると言わなければならないのである。その執行の対象物件の所有権が真に債務者に属するや或は第三者に属するやは後日裁判所の判断に待つべきであつて、苟も適法な強制執行手続中一方的意思をもつて目的物件の所有権を主張し、数名の人を使つて強いてその場から搬出し、もつて強制執行の継続を中止せしむるが如き行為は許容せらるべき限りではない。仮りに真実右物件が被告人HにおいてA商店から買受けたもので同被告人の所有に属しA商店に販売を委託してあつたものとしても、前記の如き行為に出た以上即ちそれは強制執行を免れる目的をもつて財産を隠匿したことに該当し、刑法第九十六条の二はこれを処罰する法意であり、犯罪の成立を否定し得べきものではない。」（高松高判昭三一・一・一九高裁特報三・三・五一）。

最高裁判所判例

昭23・12・14……… 113
昭24・4・26… 135,140
昭24・6・7……… 116
昭25・1・24… 132,138
昭25・2・28…………
14,23,34,58
昭25・3・24…… 25,62
昭25・3・28……… 149
昭25・10・20…………
24,58,62,76,78
昭26・4・27…………43
昭26・7・20…… 25,62
昭27・3・28…………96
昭28・1・22… 143,146
昭28・5・19(決)… 118
昭28・10・2…………76
昭29・4・28(決)… 156
昭29・7・7……… 136
昭29・7・15(決)… 124
昭29・9・15(民)……57
昭29・11・9……… 151
昭29・12・27(決)… 119
昭30・2・1……… 105
昭30・3・25…………88
昭30・7・19……… 121
昭30・11・22…………97
昭30・12・3…… 26,50
昭30・12・14……… 112
昭31・3・9(決)… 111
昭31・7・17……… 136

控訴院判例

宮城明42・3・1 …133

高等裁判所判例

名古屋昭24・12・27
…………………… 114
東京昭25・2・14… 157
名古屋昭25・4・22
…………………… 153
札幌昭25・6・7… 113
東京昭25・11・16……80
東京昭25・12・19……83
大阪昭26・3・23… 142
福岡昭26・3・31……90
大阪昭26・7・9 …111
名古屋昭26・9・10
…………………… 132
福岡昭27・1・19……85
札幌昭27・2・2……98
札幌昭27・3・12……97
大阪昭27・3・22… 129
広島昭27・4・9… 135
仙台昭27・5・31
…………………… 62,64
高松昭27・8・30 …153
名古屋高金沢支部
昭27・9・12………86
福岡昭27・10・2……
94,105
札幌昭27・10・29……81
札幌高函館支部
昭27・12・15…… 118
福岡28・6・5…… 114
名古屋昭28・6・29…92
名古屋昭28・9・2
…………………… 12
大阪昭28・10・1……
82,94,107
福岡昭28・10・14… 129
名古屋昭28・12・7
124
東京昭28・12・10… 102
東京昭29・3・12……81
大阪昭29・4・5… 127
東京昭29・5・18… 119
東京昭29・6・30… 135
東京昭29・9・14……65
東京昭29・10・7… 110
仙台高秋田支部
昭29・12・21…… 154
大阪昭30・4・4……97
福岡昭30・6・9… 108
東京昭30・8・18… 140
東京昭30・9・26… 153
仙台昭30・10・13… 119
高松昭31・1・19… 157
広島昭31・5・31… 127
札幌高函館支部
昭31・8・21…… 155

地方裁判所判例

京都昭24・3・11……96
福岡地大牟田支部
昭26・8・10………85
京都昭26・10・26… 104
函館昭27・9・1… 118
名古屋昭28・3・3
103,120
名古屋昭28・5・6
82,123
京都昭29・9・30… 126
京都昭30・4・7… 115
広島昭30・9・13… 127
京都昭31・3・5……62

区裁判所判例

福岡昭11・11・5……91

判例索引

大審院判例

明27・5・18……… 128
明35・5・13…………99
明36・3・19……… 141
明36・6・1……… 100
明41・5・18……… 145
明42・3・19…………43
明42・4・26……… 137
明42・11・19…………80
明42・12・16……… 127
明43・1・31………… 142, 144, 147
明43・7・26……… 135
明44・4・17……80, 141
明44・6・13…………29
明44・12・8…………61
明44・12・15… 150, 151
大2・2・14…………10
大3・4・13…………36
大4・5・14…… 13, 28
大4・10・6…………89
大4・10・19…………45
大5・3・3…………39
大5・6・8…………93
大5・7・31……… 151
大5・11・6…………35
大6・2・6……… 150
大6・4・5………… 12, 61, 78
大6・11・12……… 153
大6・12・20…………76
大7・1・22……… 128
大7・5・14……94, 104
大7・6・20…………35
大7・11・27…………66
大8・2・13……… 135
大8・4・2…… 59, 66
大8・7・22… 142, 144
大8・12・3……… 133
大9・12・10…………14
大10・5・28…………29
大10・10・4……… 152
大11・3・1… 142, 144
大11・5・6………… 75, 150, 151
大11・5・15……… 147
大11・7・11…………35
大11・7・22(連)…… 14, 58
大12・4・2……… 144
大12・6・11…………98
大12・11・15……81, 130
大12・12・13………… 35, 37, 43, 44
大13・2・28……… 148
大13・6・10……91, 142
大14・3・16(決)… 131
大14・3・23…………94
大14・5・7…………95
大14・7・23……… 130
大14・7・29…………17
大14・10・20…………18
大14・12・8…………16
大15・2・22(決)… 155
大15・3・24……… 134
大15・8・26……… 105
大15・11・26……… 152
昭2・7・11……… 100
昭2・7・21……… 145
昭3・2・4……… 134
昭4・8・27…………45
昭5・3・13………… 11, 38, 44
昭5・4・7(民)……45
昭6・3・7…………29
昭6・10・28…………86
昭6・11・14……… 134
昭7・2・18… 150, 154
昭7・3・24………… 82, 88, 101
昭7・7・7(民)……39
昭7・8・4……… 149
昭8・2・16……… 150
昭8・6・17…………93
昭8・11・27……… 144
昭9・2・1……… 116
昭9・4・2…………76
昭9・7・7……… 138
昭10・11・16…… 81, 92
昭11・1・30…… 35, 44
昭11・7・13…………44
昭12・3・3……… 130
昭12・5・10…… 35, 58
昭12・5・11…… 15, 28
昭13・12・22…………38
昭15・3・12……… 139
昭16・10・9……… 128
昭17・7・1……… 130
昭18・5・8……… 156

著者紹介

伊達秋雄（だて あきお） 東京地方裁判所判事

吉川経夫（きつかわ つねお） 法政大学助教授

総合判例研究叢書　刑　法 (5)

昭和31年11月25日　初版第1刷印刷
昭和31年11月30日　初版第1刷発行

著作者　伊達秋雄
　　　　吉川経夫

発行者　江草四郎

印刷者　藤本䇮

東京都千代田区神田神保町2ノ17
発行所　株式会社　有斐閣
電話九段(33) 0323・0344
振替口座東京370番

印刷・藤本綜合印刷株式会社　製本・稲村製本所
Printed in Japan

総合判例研究叢書 刑法(5)
(オンデマンド版)

2013年2月1日 発行

著 者 伊達 秋雄・吉川 経夫
発行者 江草 貞治
発行所 株式会社 有斐閣
〒101-0051 東京都千代田区神田神保町2-17
TEL 03(3264)1314(編集) 03(3265)6811(営業)
URL http://www.yuhikaku.co.jp/

印刷・製本 株式会社 デジタルパブリッシングサービス
URL http://www.d-pub.co.jp/

AG505

ISBN4-641-91031-6 Printed in Japan